ECOSOCIALISMO

La alternativa radical a la catástrofe ecológica capitalista

ECOSOCIALISMO

La alternativa radical a la catástrofe ecológica capitalista

Michael Löwy

ocean sur

O 7 SEVEN STORIES

New York • Oakland • London

Traducción de Silvia Nora Lavado para la primera versión en español de Ediciones Herramienta, Buenos Aires, 2012. www.herramienta.com.ar.

Seven Stories Press/Ocean Sur
140 Watts Street
New York, NY 10013
www.sevenstories.com

ISBN: 978-1-925019-18-6

Índice

Anexos

Antes del diluvio, el ecosocialismo, la apuesta política actual

El ecosocialismo es una corriente política basada en una constatación esencial: la protección de los equilibrios ecológicos del planeta, la preservación de un medio favorable para las especies vivientes —incluida la nuestra—, es incompatible con la lógica expansiva y destructiva del sistema capitalista. La búsqueda del «crecimiento» bajo la égida del capital nos conduce, en efecto, a corto plazo —en los próximos decenios—, a una catástrofe sin precedentes en la historia de la humanidad: el calentamiento global.

James Hanson, climatólogo de la NASA, uno de los mayores especialistas mundiales en la cuestión del cambio climático —a quien la administración Bush había intentado impedir, en vano, que hiciera públicos sus diagnósticos—, escribe esto en el primer parágrafo de un libro publicado en 2009:

> El planeta Tierra, la creación, el mundo en el que la civilización se desarrolló, el mundo con las normas climáticas que conocemos, con su geografía costera estable, está en peligro, un peligro inminente. La urgencia de la situación solo se cristalizó a lo largo de los últimos años. Ahora tenemos pruebas evidentes de la crisis […]. La sorprendente conclusión es que la continuación de la explotación de todos los combustibles fósiles de la Tierra no solo amenaza a millones de especies en el planeta, sino también la supervivencia de la humanidad misma —y los plazos son más cortos de lo que pensamos.[1]

Esta comprobación es ampliamente compartida. En su libro incisivo y bien informado, *Comment les riches détruisent la planète* [Cómo los ricos destruyen el planeta] (2007), Hervé Kempf presenta, sin eufemismos ni falsas apariencias, los acontecimientos del desastre que se prepara: más allá de un cierto umbral, que podría alcanzarse mucho más rápido de lo previsto, el sistema climático podría exasperarse de manera irreversible; ya no se puede excluir un cambio súbito y brutal, que haría subir la temperatura global varios grados, a un nivel insoportable. Frente a esta comprobación, confirmada por los científicos y compartida por millones de ciudadanos del mundo entero conscientes del drama, ¿qué hacen los poderosos, la oligarquía de los multimillonarios que dirige la economía mundial? «El sistema mundial que rige actualmente la sociedad humana, el capitalismo, se opone de manera ciega a los cambios que es indispensable esperar si se quiere conservar para la existencia humana su dignidad y su promesa». Una clase dirigente predadora y codiciosa obstaculiza cualquier veleidad de transformación efectiva; casi todas las esferas de poder y de influencia están sometidas a su pseudorrealismo, que pretende que cualquier alternativa es imposible y que la única vía imaginable es la del «crecimiento». Esta oligarquía, obsesionada por el consumo ostentoso y la competencia suntuaria —como ya lo demostraba el economista norteamericano Thorstein Veblen—,[2] es indiferente a la degradación de las condiciones de vida de la mayoría de los seres humanos, y ciega frente a la gravedad del envenenamiento de la biosfera.[3]

Los «responsables» del planeta —multimillonarios, directivos, banqueros, inversores, ministros, parlamentarios y otros «expertos»—, motivados por la racionalidad limitada y miope del sistema, obsesionados por los imperativos de crecimiento y de expansión, por la lucha por las partes del mercado, por la competitividad, los márgenes de ganancia y la rentabilidad, parecen obedecer al principio proclamado por Luis XV: «Después de mí, el diluvio». El diluvio del siglo XXI corre el riesgo de tomar la forma, como aquel de la mitología bíblica, de un ascenso inexorable de las aguas, que ahogará bajo las olas las ciudades costeras de la civilización humana.

El espectacular fracaso de las conferencias internacionales sobre el cambio climático de Copenhague (2009) y de Cancún (2010) ilustra esta ceguera: los poderosos del mundo, empezando por los Estados Unidos y China, se negaron a cualquier compromiso con cifras y en concreto, incluso mínimo, de reducción de las emisiones de CO_2. Las medidas tomadas hasta ahora por los poderes capitalistas más «ilustrados» —acuerdos de Kioto, paquete clima/energía europea, con sus «mecanismos de flexibilidad» y sus mercados de derechos a contaminar— dependen, como lo demuestra el ecologista belga Daniel Tanuro, de una «política de mamarracho», incapaz de afrontar el desafío del cambio climático; lo mismo vale, *a fortiori*, para las soluciones «tecnológicas», que son las preferidas por el presidente Obama y los gobiernos europeos: el «auto eléctrico», los agrocarburantes, el *«clean carbon»* y esa energía maravillosa, limpia y segura: la nuclear (esto era antes de la catástrofe de Fukushima)…

Como lo había previsto Marx en *La ideología alemana*, las fuerzas productivas se están convirtiendo en fuerzas destructivas, creando un riesgo de destrucción física para decenas de millones de seres humanos —¡una situación peor que los «holocaustos tropicales» del siglo XIX estudiados por Mike Davis![4]

¿Cuál es, entonces, la solución alternativa? ¿La penitencia y ascesis individual, como parecen proponer tantos ecologistas? ¿La reducción drástica del consumo? El agrónomo Daniel Tanuro constata con lucidez que la crítica cultural del consumismo propuesta por los «objetores de crecimiento» es necesaria, pero insuficiente. Hay que atacar el propio modo de producción. Solamente una acción colectiva y democrática permitiría, al mismo tiempo, responder a las necesidades sociales reales, reducir el tiempo de trabajo, suprimir las producciones inútiles y perjudiciales, reemplazar las energías fósiles por la solar. Esto implica una incursión profunda en el régimen de propiedad capitalista, una extensión radical del sector público y de la gratuidad; en resumen, un plan ecosocialista coherente.[5]

Premisa central del ecosocialismo, implícita en la elección misma de ese término: todo socialismo no ecológico es un callejón sin salida. Corolario: una ecología no socialista es incapaz de tomar en cuenta las apuestas actuales. La asociación del «rojo» —la crítica marxista del capital y el proyecto de una sociedad alternativa— y del «verde» —la crítica ecológica del productivismo que realiza— no tiene nada que ver con las combinaciones gubernamentales denominadas «rojiverdes»; estas coaliciones entre la socialdemocracia y ciertos partidos verdes se forman alrededor de un programa social-liberal de gestión del capitalismo. El ecosocialismo es, en consecuencia, una proposición *radical* —es decir, que ataca la raíz de la crisis ecológica—, que se distingue tanto de las variantes productivistas del socialismo del siglo XX (ya sea la socialdemocracia o el «comunismo» de factura estalinista), como de las corrientes ecológicas que se adaptan, de una manera o de otra, al sistema capitalista. Es una proposición radical que no solo apunta a una transformación de las relaciones de producción, a una mutación del aparato productivo y de los modelos de consumo dominantes, sino también a crear un nuevo paradigma de civilización, en ruptura con los fundamentos de la civilización capitalista/industrial occidental moderna.

En la presente obra se tratará principalmente la corriente eco-marxista. De todos modos, se encuentran, en la ecología social de inspiración anarquista del norteamericano Murria Bookchin, en la ecología profunda del noruego Arne Naess y en los escritos de varios «objetores de crecimiento», entre los que está el francés Paul Ariès, análisis radicalmente anticapitalistas y proposiciones alternativas que son cercanas al ecosocialismo.

Este no es el lugar para desarrollar una historia del ecosocialismo. Recordemos, no obstante, algunos hitos.

La idea de un socialismo ecológico —o de una ecología socialista— nace verdaderamente en los años setenta, bajo formas muy diversas, en los escritos de varios pioneros de la reflexión «roja y verde»: Manuel Sacristán (España), Raymond Williams (Reino Unido), André Gorz y Jean-Paul Deléage (Francia) y Barry Commoner (Estados Unidos). El término «ecosocialismo», aparentemente, recién empieza a ser utilizado a partir de los años ochenta, cuando el partido Die Grünen alemán, una corriente de izquierda, se designa como «ecosocialista»; sus principales portavoces son Rainer Trampert y Thomas Ebermann. Hacia esta época se publica el libro L'Alternative [La alternativa],[6] escrito por el disidente socialista de la Alemania del Este, Rudolf Bahro,[7] el cual desarrolla una crítica radical del modelo soviético y de Alemania del Este, en nombre de un socialismo ecológico. En el curso de los años ochenta, el investigador norteamericano James O'Connor teoriza su concepción de un marxismo ecológico y funda la revista *Capitalism, Nature and Socialism*, mientras que Frieder Otto Wolf, diputado europeo y dirigente de una corriente a la izquierda del Partido Verde alemán, y Pierre Juquin, exdirigente comunista, reformista converso a las perspectivas rojiverdes, redactan juntos el libro *Europe's Green Alternative*,[8] especie de intento de manifiesto ecosocialista europeo. Paralelamente en España, en torno a la revista de Barcelona *Mientras Tanto*, discípulos de Manuel Sacristán, como Francisco Fernández Buey, también desarrollan una reflexión ecológica socialista. En 2003, la IV Internacional adopta, durante su congreso, el documento «Ecología y Revolución socialista», de inspiración claramente ecosocialista. En 2001, el filósofo norteamericano Joel Kovel y yo publicamos un *Manifeste écosocialiste* [Manifiesto ecosocialista], que servirá de referencia para la fundación, en París en 2007, de la Red ecosocialista internacional —que distribuirá, durante el Foro social mundial de Belén (Brasil), la *Declaración de Belén*, un nuevo manifiesto ecosocialista sobre el calentamiento global—. Agreguemos a esto los trabajos de John Bellamy Foster y de sus amigos de la muy conocida revista de izquierda norteamericana *Monthly Review*, que apelan a una revolución ecológica con un programa socialista; los escritos de las ecosocialistas feministas Ariel Salleh y Terisa Turner; la revista *Canadian Dimension*, creada por los ecosocialistas Ian Angus y Cy Gornik; las reflexiones del revolucionario peruano Hugo Blanco sobre las relaciones entre indigenismo y ecosocialismo; los trabajos del investigador belga Daniel Tanuro sobre el cambio climático y los callejones sin salida del «capitalismo verde»; los trabajos de autores franceses cercanos a la corriente altermundialista como Jean-Marie Harribey; los escritos del filósofo (discípulo de Ernst Bloch y de André Gorz) Arno Münster; las redes ecosocialistas de Brasil y de Turquía, las conferencias ecosocialistas que comienzan a orgnizarse en China, etcétera.

¿Cuáles son las convergencias y los desacuerdos entre el ecosocialismo y la corriente del decrecimiento, cuya influencia en Francia no es despreciable? En primer lugar, recordemos que esta corriente, inspirada por las críticas a la sociedad de consumo —debidas, principalmente, a Henri Lefebvre, Guy Debord y Jean Baudrillard— y al «sistema técnico» —descripto por Jacques Ellul— está lejos de ser homogénea. Se trata de una esfera de influencia plural, que se organiza entre dos polos: por un lado, los antioccidentalistas tentados por el relativismo cultural (Serge Latouche); por el otro, ecologistas republicanos/universalistas (Vincent Cheynet, Paul Ariès).

El economista Serge Latouche es, indudablemente, el más controvertido de los partidarios del «decrecimiento». Sin duda, una parte de sus argumentos está justificada, y uno puede suscribir a su empresa de demistificación del «desarrollo durable», de crítica de la religión del crecimiento y del progreso, y a su llamado a un cambio cultural. Pero su rechazo en bloque del humanismo occidental, del pensamiento de la Ilustración y de la democracia representativa, así como su relativismo cultural, son muy discutibles: a pesar de lo que anuncia, no queda bien claro cómo sus preconizaciones no nos llevarían a la Edad de Piedra. En cuanto a su denuncia de las proposiciones de Attac (Jean-Marie Harribey) para los países del Sur —desarrollar las redes de aducción del agua, las escuelas y los centros de atención—, en virtud de que serían «etnocéntricas», «occidentalistas» y «destructoras de los modos de vida locales», es difícilmente soportable. Finalmente, su argumento para no hablar del capitalismo —o hacerlo tan poco, dado que no sería descubrir nada nuevo, en la medida en que esta crítica ya «fue hecha (y bien hecha) por Marx»— no es serio: es como si no tuviéramos la necesidad de denunciar la destrucción productivista del planeta porque Gorz ya hizo esa crítica, la «hizo bien»…

Más interesante es la corriente universalista, representada por la revista *La Décroissance*, incluso si las ilusiones «republicanas» de Cheynet y Ariès pueden ser criticadas. Contrariamente al primero, este último polo tiene muchos puntos de convergencia —a pesar de las polémicas— con los altermundialistas de Attac, los ecosocialistas y la izquierda de la izquierda francesa (PG y NPA) por las temáticas que defiende: extensión de la gratuidad, predominio del valor de uso por sobre el valor de cambio, reducción del tiempo de trabajo y de las desigualdades sociales, ampliación de lo «sin fines de lucro», reorganización de la producción de acuerdo con las necesidades sociales y la protección del medio ambiente.

En una obra reciente,[9] el experiodista y pastor Stéphane Lavignotte esboza un balance del debate entre los «objetores de crecimiento» y los ecosocialistas. ¿Hay que privilegiar la crítica de las relaciones sociales de clase y la lucha contra las desigualdades o la denuncia del crecimiento ilimitado de las fuerzas productivas? ¿El esfuerzo debe recaer sobre las iniciativas individuales, las experimentaciones locales, la simplicidad voluntaria o sobre el cambio del aparato productivo y de la «megamáquina» capitalista? El autor se niega a elegir y propone más bien asociar estos dos recorridos complementarios. El desafío, desde su punto de vista, es combinar la lucha por el interés ecológico de clase de la mayoría, es decir, de los no propietarios del capital, y la política de las minorías activas por un cambio cultural radical. En otras palabras, lograr —sin ocultar las divergencias ni los desacuerdos inevitables— una «composición política» que reuniría a todos aquellos que saben que un planeta y una humanidad habitables son contradictorios con el capitalismo y el productivismo, y que buscan el camino para salir de nuestro sistema inhumano.

Como conclusión de este breve prefacio, digamos, por último, que el ecosocialismo es un proyecto de futuro, una utopía radical, un horizonte de lo posible, pero también, de manera inseparable, una acción *hic et nunc*, aquí y ahora, que se propone objetivos concretos e inmediatos. La primera esperanza para el futuro reside en movilizaciones como la de Seattle en 1999, que vio la convergencia de los ecologistas y de los sindicalistas, antes de dar nacimiento al movimiento altermundialista; o las protestas de cien mil personas en Copenhague en 2009, alrededor de la consigna «Cambiemos el sistema, no el clima»; o la conferencia de los pueblos sobre el cambio climático y la defensa de la madre Tierra, en Cochabamba, Bolivia, en abril de 2010, que vio la confluencia de treinta mil delegados de movimientos indígenas, campesinos y ecológicos del mundo entero.

La presente obra no es una sistematización de las ideas o prácticas ecosocialistas. Retomando varios artículos que ya había publicado, se propone, más modestamente, explorar algunos aspectos, algunos campos y algunas experiencias del ecosocialismo. Solo representa, por supuesto, la opinión de su autor, que no coincide necesariamente con la de otros pensadores o redes que proclaman su pertenencia a esta corriente. No aspira a codificar una doctrina nueva ni a fijar una ortodoxia cualquiera. Una de las virtudes del ecosocialismo es, precisamente, su diversidad, su pluralidad, la multiplicidad de las perspectivas y de los abordajes, a menudo convergentes o complementarios —como lo demuestran los documentos publicados como anexo, que emanan de diferentes redes ecosocialistas—, pero también, a veces, divergentes o, incluso, contradictorios.

M. L.
Marzo de 2011

POSTSCRIPTUM

En el momento de mandar a imprenta, llegan las aterradoras noticias de la catástrofe nuclear de Fukushima, en Japón. Por segunda vez en su historia, el pueblo japonés es víctima de la locura nuclear. Aún no se sabe la magnitud del desastre, pero es evidente que constituye un hito. En la historia de la energía nuclear civil, habrá un antes y un después de Fukushima.

Después de Chernóbil, el *lobby* nuclear occidental había encontrado la defensa: la catástrofe de Ucrania era el resultado de la gestión burocrática, incompetente e ineficaz, propia del sistema soviético. «Esto no podría ocurrirnos a nosotros», nos habían repetido. ¿De qué vale este argumento hoy, cuando está involucrado el florón de la industria privada japonesa?

Los medios pusieron en evidencia la irresponsabilidad, la falta de preparación y las mentiras de la Tokyo Electric Power Company (TEPCO) —con la complicidad activa de las autoridades locales y nacionales y de los organismos de control japoneses—, más preocupada por la rentabilidad que por la seguridad. Estos hechos son indiscutibles. Pero, por insistir mucho sobre este aspecto, se corre el riesgo de perder de vista lo esencial: *la inseguridad es inherente a la energía nuclear*. No solo —no más en este campo que en otros— no hay riesgo cero, sino que cualquier incidente amenaza con tener consecuencias incontrolables y desastrosas, irremediables. Estadísticamente, los accidentes son inevitables. El sistema nuclear es en sí insostenible. Tarde o temprano ocurrirán otros Chernóbil y otros Fukushima, provocados por errores humanos, por disfunciones internas, terremotos, accidentes de aviación, atentados o hechos imprevisibles. Para parafrasear a Jean Jaurès, podríamos decir que lo nuclear conlleva la catástrofe como el nubarrón, la tormenta.

No es sorprendente, entonces, que el movimiento antinuclear se vuelva a movilizar a gran escala, ya con algunos resultados positivos, principalmente en Alemania. «Salida inmediata de lo nuclear»: esta consigna se expande como un reguero de pólvora. No obstante, la reacción de la mayoría de los gobiernos —en primer lugar, en Europa y en los Estados Unidos—, es el rechazo de la salida de la trampa nuclear. Se intenta calmar a la opinión pública con la promesa de una «seria revisión de la seguridad de nuestras centrales». La *Moan*,[10] Medalla de oro de la ceguera nuclear, retorna incontestablemente al gobierno francés. Uno de los consejeros del presidente, el señor Henri Guaino, recientemente declaró: «El accidente nuclear japonés podría favorecer la industria francesa, cuya seguridad es una marca de fábrica». *No comment…*

Los nucleócratas —una oligarquía particularmente obtusa e impermeable— pretenden que el fin de lo nuclear en el mundo significará el regreso a las velas o a la lámpara de aceite. La pura verdad es que el 13,4% de la electricidad mundial es producida por centrales nucleares. Se podría prescindir de esta fuente energética. Es posible, e incluso probable, que, bajo la presión de la opinión pública, se reduzcan considerablemente los proyectos delirantes de expansión ilimitada de las capacidades nucleares y la construcción de nuevas centrales en muchos países. No obstante, podemos temer que este golpe de freno esté acompañado por una huida hacia delante en las energías fósiles más «sucias»: el carbón, el petróleo offshore, las arenas bituminosas, el gas de esquisto. El capitalismo no puede limitar su expansión y, en consecuencia, su consumo de energía. Y como la conversión a las energías renovables no es «competitiva», se puede prever una nueva y rápida subida de las emisiones de gas con efecto invernadero. Primer hito en la batalla socioecológica para una transición energética: es necesario rechazar este falso dilema, imposible de zanjar entre una bella muerte radio-activa y una lenta asfixia consecuencia del calentamiento global. ¡Otro mundo es posible!

Michael Löwy
París, abril de 2011

Agradezco calurosamente a Luis Martínez Andrade por su ayuda con la preparación de esta obra.

I

SOCIALISMO ECOLÓGICO

CAPÍTULO 1
¿Qué es el ecosocialismo?

Crecimiento exponencial de la polución del aire en las grandes ciudades, del agua potable y del medio ambiente en general; calentamiento del planeta, comienzo del derretimiento de los dos casquetes polares (Groenlandia y Antártica), multiplicación de los cataclismos «naturales»; comienzo de destrucción de la capa de ozono; destrucción, a una velocidad creciente, de los bosques tropicales y reducción rápida de la biodiversidad por la extinción de millares de especies; agotamiento de los suelos, desertificación; acumulación de residuos, principalmente nucleares, imposibles de manejar, ya sea en los continentes o en los océanos; multiplicación de los accidentes nucleares y amenaza de un nuevo Chernóbil; polución de los alimentos por los pesticidas y otras sustancias tóxicas o por manipulaciones genéticas, «vaca loca» y otras carnes con hormonas…

Todas las alarmas están en rojo: es evidente que la carrera loca hacia la ganancia, la lógica productivista y mercantil de la civilización capitalista/industrial nos conducen a un desastre ecológico de proporciones incalculables. No es ceder al «catastrofismo» constatar que la dinámica de «crecimiento» infinito inducida por la expansión capitalista amenaza con aniquilar los fundamentos naturales de la vida humana sobre el planeta.[1]

Los marxistas y la ecología

¿Cómo reaccionar frente a este peligro? El socialismo y la ecología —o, al menos, algunas de sus corrientes— tienen objetivos comunes, que implican un cuestionamiento de la autonomización de la economía, del reino de la cuantificación, de la producción como objetivo en sí, de la dictadura del dinero, de la reducción del universo social al cálculo de los márgenes de rentabilidad y a las necesidades de la acumulación del capital. Ambos, socialismo y ecología, invocan valores cualitativos: el valor de uso, la satisfacción de las necesidades, la igualdad social para unos; la protección de la naturaleza, el equilibrio ecológico para los otros. Ambos conciben la economía como «encastrada» en el medio ambiente: social para unos; natural para los otros. La cuestión ecológica es, desde mi punto de vista, *el gran desafío* para una renovación del pensamiento marxista en los umbrales del siglo XXI. Exige de los marxistas una profunda revisión crítica de su concepción tradicional de las «fuerzas productivas», así como una ruptura radical con la ideología del progreso lineal y con el paradigma tecnológico y económico de la civilización industrial moderna. El filósofo alemán Walter Benjamin fue uno de los primeros marxistas del siglo XX que se planteó este tipo de cuestiones: desde 1928, en su libro *Dirección única*, denunciaba la idea de dominación de la naturaleza como una «enseñanza imperialista» y proponía una nueva concepción de la técnica: no más control de la naturaleza por el hombre, sino «control de la relación entre la naturaleza y la humanidad». Algunos años más tarde, en las *Tesis sobre el concepto de historia* (*Über den Begriff der Geschichte*, 1940), enriquece el materialismo histórico con las ideas de Charles Fourier: ese visionario utópico había soñado «con un trabajo que, muy lejos de explotar la naturaleza, [esté] en condiciones de hacer nacer de ella las creaciones que dormitan en su seno».[2]

Todavía hoy, el marxismo está lejos de haber subsanado su retraso en este campo. Sin embargo, algunas reflexiones que se desarrollan desde ahora empiezan a ocuparse de esta tarea. Un camino fecundo ha sido abierto por el ecologista y «marxista-polanyista» norteamericano James O'Connor: es necesario agregar, a la primera contradicción del capitalismo, examinada por Marx, que se da entre fuerzas y relaciones de producción, una segunda, entre las fuerzas productivas y las *condiciones de producción* —los trabajadores, el espacio urbano y la *naturaleza*, desarrolla O'Connor—. Por su dinámica expansionista, el capital pone en peligro o destruye sus propias condiciones, empezando por el medio natural. Una posibilidad que Marx no había tomado en cuenta suficientemente.[3]

Otro abordaje interesante es el que sugiere un «ecomarxista» italiano en uno de sus textos recientes:

> La fórmula según la cual se produce una transformación de las fuerzas potencialmente productivas en fuerzas efectivamente destructivas, sobre todo en relación con el medio ambiente, nos parece más apropiada y más significativa que el muy conocido esquema de la contradicción entre fuerzas productivas (dinámicas) y relaciones de producción (que las encadenan). Por lo demás, esta fórmula permite dar un fundamento crítico y no apologético al desarrollo económico, tecnológico, científico y, por lo tanto, elaborar un concepto de progreso *«diferenciado»* (E. Bloch).[4]

Sea o no marxista, el movimiento obrero tradicional en Europa —sindicatos, partidos socialdemócratas y comunistas— sigue aún profundamente marcado por la ideología del progreso y por el productivismo: en varias ocasiones llegó a defender, sin plantearse demasiadas preguntas, la energía nuclear o la industria automotriz. Es verdad, hay un comienzo de sensibilización en relación con el ecologismo; estas ideas se expandieron principalmente en los sindicatos y los partidos de izquierda de los países nórdicos, en España, en Alemania y otros.

Los callejones sin salida del ecologismo

La gran contribución de la ecología fue —y aún es— hacernos tomar conciencia de los peligros que amenazan el planeta, que son la consecuencia del actual modo de producción y de consumo. El aumento exponencial de las agresiones contra el medio ambiente y la amenaza creciente de una ruptura del equilibrio ecológico determinan un escenario-catástrofe que pone en duda la supervivencia de la especie humana en la Tierra. Estamos enfrentados a una *crisis de civilización* que exige cambios radicales.

Desafortunadamente, las proposiciones sostenidas por las corrientes dominantes de la ecología política europea hasta ahora han sido muy insuficientes o conducen a callejones sin salida. Su principal debilidad reside en ignorar la conexión necesaria entre el productivismo y el capitalismo. La negación de ese vínculo consustancial conduce a la ilusión de un «capitalismo limpio»; o bien a la idea de que es posible y deseable reformar el capitalismo con el fin de controlar sus «excesos» (por ejemplo, podría ser corregido por los ecoimpuestos). Y las corrientes mayoritarias de la ecología política consideran similares a las economías burocráticas de coacción y a las economías del productivismo occidental: rechazan juntos el capitalismo y el «socialismo», a los que consideran variantes del mismo modelo. Ahora bien, este argumento perdió mucho de su interés desde el derrumbe del pretendido «socialismo real».

Los ecologistas se equivocan si piensan que pueden pasar por alto la crítica marxiana del capitalismo. Una ecología que no se da cuenta de la relación entre «productivismo» y lógica de la ganancia está condenada al fracaso… —o, peor, a la recuperación por el sistema—. Los ejemplos no faltan. La ausencia de posición anticapitalista coherente condujo a la mayoría de los partidos verdes europeos —en Francia, Alemania, Italia y, principalmente, en Bélgica— a convertirse en simples compañeros «ecorreformistas» de la gestión social liberal del capitalismo por parte de los gobiernos de centroizquierda.

Al considerar a los trabajadores como irremediablemente destinados al productivismo, algunos ecologistas no toman en consideración al movimiento obrero, y sobre su bandera se inscribe: «Ni izquierda ni derecha». Exmarxistas conversos a la ecología declaran precipitadamente el «adiós a la clase obrera» (André Gorz), mientras que otros (Alain Lipietz) insisten para que sus seguidores abandonen el «rojo» —es decir, el marxismo o el socialismo— y adhieran absolutamente al «verde», nuevo paradigma que aportaría una respuesta a todos los problemas económicos y sociales.

Finalmente, en las corrientes denominadas «fundamentalistas» o de *deep ecology*, uno ve esbozarse, bajo pretexto de luchar contra la devastadora *hybris* humana y el antropocentrismo, un rechazo del humanismo que conduce a posiciones relativistas. Estas tienden a poner a todas las especies vivientes en el mismo nivel. ¿Verdaderamente hay que considerar que el bacilo de Koch o el mosquito anofeles tienen el mismo derecho a la vida que un niño enfermo de tuberculosis o de malaria?

El ecosocialismo

¿Qué es, entonces, el ecosocialismo? Se trata de una corriente de pensamiento y de acción ecológica que hace propios los conocimientos fundamentales del marxismo, al tiempo que se libera de sus escorias productivistas. Para los ecosocialistas, la lógica del mercado y de la ganancia —al igual que la del autoritarismo burocrático del extinto «socialismo real»— es incompatible con las exigencias de protección del medio ambiente natural. Al tiempo que critican la ideología de las corrientes dominantes del movimiento obrero, los ecosocialistas saben que los trabajadores y sus organizaciones son una fuerza esencial para cualquier transformación radical del sistema y para el establecimiento de una nueva sociedad, socialista y ecológica.

El ecosocialismo se desarrolló, sobre todo, en el curso de los últimos treinta años, gracias a los trabajos de pensadores de la dimensión de Manuel Sacristán, Raymond Williams, Rudolf Bahro (en sus primeros escritos) y André Gorz (ibídem), así como gracias a las valiosas contribuciones de James O'Connor, Barry Commoner, John Bellamy Foster, Joel Kovel (Estados Unidos), Juan Martínez-Alier, Francisco Fernández Buey, Jorge Riechman (España), Jean-Paul Deléage, Jean-Marie Harribey (Francia), Elmar Altvater, Frieder Otto Wolf (Alemania) y muchos otros, que se expresan en una red de revistas como *Capitalism, Nature and Socialism, Ecología Política*, etc.

Esta corriente está lejos de ser políticamente homogénea, pero la mayoría de sus representantes comparten ciertos ideales comunes: todos rompen con la ideología productivista del progreso —en su forma capitalista y/o burocrática— y se oponen a la expansión infinita de un modo de producción y de consumo destructor de la naturaleza. Esta corriente manifiesta un intento original de articular las ideas fundamentales del socialismo marxista con los conocimientos de la crítica ecológica.

James O'Connor define como ecosocialistas las teorías y los movimientos que aspiran a subordinar el valor de cambio al valor de uso, organizando la producción en función de las necesidades sociales y de las exigencias de la protección del medio ambiente. Su objetivo común, un socialismo ecológico, se traduciría en una sociedad ecológicamente racional fundada sobre el control democrático, la igualdad social y la predominancia del valor de uso.[5] Yo agregaría que esta sociedad supone la propiedad colectiva de los medios de producción, una planificación democrática que permita a la sociedad definir los objetivos de la producción y las inversiones, y una nueva estructura tecnológica de las fuerzas productivas.

Dicho de otra manera, una transformación revolucionaria en el nivel social y económico.[6]

El razonamiento ecosocialista se apoya en dos argumentos esenciales:

En primer lugar, el modo de producción y de consumo actual de los países avanzados, fundado en una lógica de acumulación ilimitada (del capital, de las ganancias, de las mercancías), de despilfarro de los recursos naturales, de consumo ostentoso y de destrucción acelerada del medio ambiente, de ninguna manera puede ser extendido al conjunto del planeta, bajo pena de crisis ecológica máxima. De acuerdo con cálculos ya viejos, si se generalizara al conjunto de la población mundial el consumo medio de energía de los Estados Unidos, las reservas conocidas de petróleo serían agotadas en *diecinueve días*.[7] Este sistema está basado necesariamente, entonces, en la conservación y el agravamiento de desigualdades flagrantes, empezando por la que se da entre el Norte y el Sur.

En segundo lugar, en cualquiera de los casos, la continuación del «progreso» capitalista y la expansión de la civilización fundada en la economía de mercado —incluso bajo esta forma brutalmente desigual— amenazan directamente, a mediano plazo (cualquier previsión sería azarosa), la propia supervivencia de la especie humana. La protección del medio ambiente natural es, en consecuencia, un imperativo para el hombre.

La racionalidad limitada del mercado capitalista, con su cálculo inmediatista de las pérdidas y de las ganancias, es intrínsecamente contradictoria con una racionalidad ecológica, que toma en cuenta la temporalidad larga de los ciclos naturales. No se trata de oponer los «malos» capitalistas ecocidas a los «buenos» capitalistas verdes: es el sistema mismo, basado en la implacable competencia, las exigencias de rentabilidad, la carrera hacia la ganancia rápida, el que destruye los equilibrios naturales. El pretendido capitalismo verde no es más que una maniobra publicitaria, una etiqueta que apunta a vender una mercancía o, en el mejor de los casos, una iniciativa local equivalente a una gota de agua en el árido suelo del desierto capitalista.

Contra el fetichismo de la mercancía y la autonomización de la economía por parte del neoliberalismo, la apuesta de la que depende el porvenir es la aplicación de una «economía moral», en el sentido que daba el historiador británico E. P. Thompson a ese término, es decir, una política económica basada sobre criterios no monetarios y extraeconómicos: en otros términos, la «reintricación» de la economía en lo ecológico, lo social y lo político.[8]

Las reformas parciales son totalmente insuficientes: hay que reemplazar la microrracionalidad de la ganancia por una macrorracionalidad social y ecológica, lo cual exige un verdadero *cambio de civilización*.[9] Esto es imposible sin una profunda reorientación *tecnológica*, que apunte al reemplazo de las fuentes actuales de energía por otras no contaminantes y renovables, como la energía eólica o solar.[10] La primera cuestión que se plantea es, en consecuencia, la del control de los medios de producción y, sobre todo, de las decisiones de inversión y de la mutación tecnológica: en estos ámbitos, el poder de decisión debe ser quitado a los bancos y a las empresas capitalistas para ser restituido a la sociedad, que es la única que puede tomar en cuenta el interés general. Sin duda, el cambio radical concierne no solo a la producción, sino también al *consumo*. No obstante, el problema de la civilización burgués-industrial no es — contrariamente a lo que a menudo pretenden los ecologistas— el «consumo excesivo» de la población, y la solución no es una «limitación» general del consumo, principalmente en los países capitalistas avanzados. Es el *tipo de consumo* actual, basado en la ostentación, el despilfarro, la alienación mercantil, la obsesión acumuladora lo que debe ser cuestionado.

Una reorganización de conjunto del modo de producción y de consumo es necesaria, de acuerdo con criterios *exteriores al mercado capitalista*: las necesidades reales de la población («solventes» o no) y la protección del medio ambiente. En otros términos, *una economía de transición al socialismo*, «reencastrada» (como diría Karl Polanyi) en el medio ambiente social y natural, en la medida en que derive de la elección democrática, efectuada por la propia población, de las prioridades y de las inversiones —y no por las «leyes del mercado» o por un Politburó omnisciente—. En otros términos, una planificación democrática local, nacional y, tarde o temprano, internacional que defina: 1. qué productos deberán ser subvencionados o, incluso, distribuidos gratuitamente; 2. qué opciones energéticas deberán ser continuadas, aun si no son, en un primer tiempo, las más «rentables»; 3. cómo reorganizar el sistema de transportes, en función de los criterios sociales y ecológicos; 4. qué medidas tomar para reparar, lo más rápidamente posible, los gigantescos estragos ambientales dejados «como herencia» del capitalismo. Y así lo demás…

Esta transición no solo conducirá a un nuevo modo de producción y a una sociedad igualitaria y democrática, sino también a un *modo de vida alternativo*, a una *civilización nueva*, ecosocialista, más allá del reino del dinero, de los hábitos de consumo artificialmente inducidos por la publicidad y por la producción al infinito de mercancías perjudiciales para el medio ambiente (¡el automóvil individual!).

¿Utopía? En el sentido etimológico («no lugar»), sin duda. Pero si no se cree, junto con Hegel, que «todo lo que es real es racional, y todo lo que es racional es real», ¿cómo pensar una racionalidad sustancial sin invocar utopías? La utopía es indispensable para el cambio social; extrae su fuerza de las contradicciones de la realidad y de los movimientos sociales reales. Es el caso del ecosocialismo, que propone una estrategia de alianza entre los «rojos» y los «verdes», no en el sentido político estrecho de los partidos socialdemócratas y de los partidos verdes, sino en sentido amplio, es decir, entre el movimiento obrero y el movimiento ecologista —y la solidaridad con los/las oprimidos/as y explotados/as del Sur.

Esta alianza presupone que la ecología renuncia a la idea de un naturalismo antihumanista, seductora para algunos, y abandona su pretensión de sustituir a la crítica de la economía política. Esta convergencia también implica que el marxismo se libera del productivismo, al reemplazar el esquema mecanicista de la oposición entre el desarrollo de las fuerzas productivas y las relaciones de producción que la traban, por la mucho más fecunda idea de que las fuerzas potencialmente productivas son efectivamente fuerzas destructivas.[11]

¿Desarrollo de las fuerzas productivas o subversión del aparato de producción?

Cierto marxismo clásico, apoyándose en algunos pasajes de Marx y de Engels, parte de la contradicción entre fuerzas y relaciones de producción para definir la revolución social como la supresión de las relaciones de producción capitalistas, convertidas en un obstáculo para el libre desarrollo de las fuerzas productivas. Esta concepción parece considerar el aparato productivo como «neutro»; y, una vez liberado de las relaciones de producción impuestas por el capitalismo, podría tener un desarrollo ilimitado. El error de esta concepción no necesita ser probado.

Es necesario rechazar esta perspectiva. Desde un punto de vista ecosocialista, se puede refutar esta concepción inspirándose en los comentarios de Marx sobre la Comuna de París: los trabajadores no pueden apoderarse del aparato de Estado capitalista y hacerlo funcionar a su servicio. Deben «destrozarlo» y reemplazarlo por otro, de naturaleza totalmente distinta, una forma no estatal y democrática de poder político, escribe en *La guerra civil en Francia* (1871).

El mismo análisis sirve, *mutatis mutandis*, para el aparato productivo: por su naturaleza y estructura, no es neutro; está al servicio de la acumulación del capital y de la expansión ilimitada del mercado. Está en contradicción con las exigencias de salvaguardia del medio ambiente y de salud de la fuerza de trabajo. Es necesario, entonces, «revolucionarlo» transformando radicalmente su naturaleza. Esto puede significar, para algunas ramas de la producción —por ejemplo, algunas técnicas de pesca intensiva e industrial (responsables de la casi extinción de numerosas especies marinas), la tala total en las selvas tropicales, las centrales nucleares, y otras, la lista es muy larga— «destruirla».

Es el conjunto del modo de producción y de consumo, construido enteramente alrededor de un consumo energético siempre creciente, del automóvil individual y de muchos otros productos domésticos energívoros, lo que debe ser transformado, con la supresión de las relaciones de producción capitalistas y el comienzo de una transición al socialismo. Va de suyo que cada transformación del sistema productivo o de los transportes —reemplazo progresivo de la ruta por el tren, por ejemplo— debe hacerse con la garantía del pleno empleo de la fuerza de trabajo.

¿Cuál será el futuro de las fuerzas productivas en esta transición hacia el socialismo —un proceso histórico que no se cuenta ni en meses ni en años—? Dos escuelas se enfrentan en el seno de lo que podríamos llamar la izquierda ecológica. La escuela optimista, de acuerdo con la cual, gracias al progreso tecnológico y a las energías suaves, el desarrollo de las fuerzas productivas socialistas podría satisfacer «a cada uno de acuerdo con sus necesidades» (retomando el esquema de la expansión ilimitada), no integra los límites naturales del planeta, y termina reproduciendo, bajo el rótulo de «desarrollo durable», el viejo modelo socialista. La escuela pesimista, que parte de esos límites naturales y considera que es necesario limitar, de manera draconiana, el crecimiento demográfico y el nivel de vida de las poblaciones, abriga, a veces, el sueño de una «dictadura ecológica ilustrada»: como sería necesario reducir la mitad del consumo de energía, al precio de una renuncia a nuestro modo de vida (casa individual, calefacción muy confortable, y otras), estas medidas, que serían muy impopulares, solo podrían ser impuestas sin el consentimiento de la sociedad.

Me parece que estas dos escuelas comparten una concepción puramente *cuantitativa* del desarrollo de las fuerzas productivas. Hay una tercera posición, que me parece más apropiada, cuya hipótesis principal es el *cambio cualitativo* del desarrollo: poner fin al monstruoso despilfarro de los recursos por parte del capitalismo, fundado en la producción a gran escala de productos inútiles o perjudiciales, para orientar la producción hacia la satisfacción de las necesidades auténticas, empezando por aquellas que uno puede designar como «bíblicas»: el agua, el alimento, la ropa, la vivienda.

¿Cómo distinguir las necesidades auténticas de las que son artificiales y falsas? Estas últimas son inducidas por el sistema de manipulación mental que se denomina «publicidad». Pieza indispensable para el funcionamiento del mercado capitalista, la publicidad está destinada a desaparecer en una sociedad de transición hacia el socialismo, para ser reemplazada por la información, provista por las asociaciones de consumo. El criterio para distinguir una necesidad auténtica de una necesidad artificial es su persistencia luego de la supresión de la publicidad...

El automóvil individual responde a una necesidad real, pero, en un proyecto ecosocialista fundado en la abundancia de los transportes públicos gratuitos, aquel tendrá un cometido mucho más reducido que en la sociedad burguesa, donde se convirtió en un fetiche mercantil, un signo de prestigio y el centro de la vida social, cultural, deportiva y erótica de los individuos.

Sin duda, responderán los pesimistas, pero los individuos son impulsados por deseos y aspiraciones infinitas, que es necesario controlar y reprimir. Ahora bien, el ecosocialismo está fundado en una apuesta, que ya era la de Marx: la predominancia, en una sociedad sin clases, del «ser» por sobre el «tener», es decir, la realización personal de las actividades culturales, políticas, lúdicas, eróticas, deportivas, artísticas, políticas, antes que la acumulación de bienes y de productos.

Esto no quiere decir que no habrá conflicto entre las exigencias de protección del medio ambiente y las necesidades sociales, entre los imperativos ecológicos y las necesidades del desarrollo, principalmente en los países pobres. La democracia socialista, liberada de los imperativos del capital y del mercado, tiene que resolver esas contradicciones.

Convergencias en la lucha

La utopía revolucionaria de un socialismo verde o de un «comunismo solar» no significa que no se deba actuar desde ahora. No tener esperanzas en la posibilidad de ecologizar el capitalismo no quiere decir que se renuncie a comprometerse en la lucha por reformas inmediatas. Por ejemplo, algunas formas de ecoimpuestos pueden ser útiles, con la condición de que sean fijadas por una lógica social igualitaria (hacer que paguen los que contaminan y no los consumidores), y que uno se libere del mito de que sería posible calcular, de acuerdo con el precio del mercado, el costo de los daños (externalidades) ecológicas: son variables inconmensurables desde el punto de vista monetario. Tenemos necesidad de ganar tiempo desesperadamente, de luchar inmediatamente por la prohibición de los gases fluorados CFC, que destruyen la capa de ozono, por una suspensión de los organismos genéticamente modificados (OGM), por limitaciones severas de las emisiones de gas con efecto invernadero, por privilegiar los transportes públicos[12] al automóvil individual contaminante y antisocial.

La trampa que nos amenaza en ese campo es ver que nuestras reivindicaciones son tomadas formalmente en cuenta, pero vaciadas de su contenido. Un caso ejemplar de ese desvío lo dio el Protocolo de Kioto sobre el cambio climático, que preveía una reducción mínima del 5% de las emisiones de gas con efecto invernadero en relación con 1990 para el período de compromiso 2008-2012 —en efecto, demasiado poco para resultados verdaderamente concluyentes en el fenómeno de calentamiento climático del planeta —. Los Estados Unidos, principal potencia responsable de las emisiones de gas, antes de ser superada en 2009 por China, se niegan siempre obstinadamente a ratificar el protocolo; en cuanto a Europa, Japón y Canadá, sin duda lo ratificaron, pero combinándolo con cláusulas, entre las que se encuentra el célebre mercado de derechos de emisión, o el reconocimiento de los pretendidos pozos de carbón, disposiciones que reducen enormemente el alcance, ya limitado, del protocolo. Antes que los intereses a largo plazo de la humanidad primaron aquellos, limitados, de las multinacionales del petróleo y del complejo industrial automotriz.[13]

La lucha por reformas ecosociales será portadora de una dinámica de cambio, de transición entre las demandas mínimas y el programa máximo, con la condición de que uno se sustraiga a las presiones de los intereses dominantes, que avanzan invocando las «leyes del mercado», la «competitividad» o la «modernización».

Ya se manifiesta una necesidad de convergencia y de articulación coherente de los movimientos sociales y de los movimientos ecologistas, de los sindicatos y de los defensores del medio ambiente, de los «rojos» y de los «verdes»: empezando por la lucha contra el sistema de la deuda y las políticas de ajustes ultraliberales impuestas por el Fondo Monetario Internacional, el Banco Mundial y la Unión Europea, hasta las consecuencias sociales y ecológicas dramáticas: desocupación masiva, destrucción de los servicios públicos, de las protecciones sociales y de las culturas cuyos productos están destinados a la alimentación, al agotamiento de los recursos naturales para favorecer la exportación; y a la necesidad de producir localmente bienes poco contaminantes, con normas controladas, y de asegurar la soberanía alimentaria de las poblaciones, en contra de la avidez de las grandes empresas capitalistas.[14]

La lucha por una nueva civilización, a la vez más humana y más respetuosa de la naturaleza, pasará por una movilización del conjunto de los movimientos sociales emancipatorios, que es necesario asociar. Como muy bien lo dice Jorge Riechmann,

> este proyecto no puede renunciar a ninguno de los colores del arco iris: ni el rojo del movimiento obrero anticapitalista e igualitario, ni el violeta de las luchas por la liberación de la mujer, ni el blanco de los movimientos no violentos por la paz, ni el negro del antiautoritarismo de los libertarios y de los anarquistas y, aún menos, del verde de la lucha por una humanidad justa y libre sobre un planeta habitable.[15]

Emergencia de la cuestión ecosocial en el Sur

La ecología social se convirtió en una fuerza social y política presente en la mayoría de los países europeos, pero también, en cierta medida, en los Estados Unidos. No obstante, nada sería más fácil que considerar que las cuestiones ecológicas solo conciernen a los países del Norte, que serían un lujo más de las sociedades ricas. En los países del capitalismo periférico («Sur») emergen movimientos sociales de dimensión ecológica que reaccionan ante un agravamiento creciente de los problemas ecológicos sobre su continente, en Asia, en África o en América Latina: muy a menudo se trata de consecuencias de una política deliberada de exportación de las producciones contaminantes o de los residuos de los países imperialistas del Norte. Esta política, además, se combina con un discurso económico que la legitima como insuperable: desde el punto de vista de la lógica del mercado, formulada por el propio Lawrence Summers, eminente experto, ex jefe económico del Banco Mundial y ex secretario del Tesoro norteamericano, ¡los pobres cuestan menos! Lo que dice, en sus propios términos, da:

> El cálculo del costo de la contaminación perjudicial para la salud depende de la pérdida de rendimiento debida a la morbilidad y a la mortalidad incrementadas. Desde este punto de vista, una

cantidad dada de contaminación perjudicial para la salud debería ser realizada en los países con los costos más bajos, es decir, los países con los salarios más bajos.[16]

Una formulación cínica que traduce sin falsos pretextos la lógica del capital globalizado. Por lo menos, su expresión tiene el mérito de la franqueza en relación con todos los discursos lenitivos de las instituciones financieras internacionales que no dejan de invocar el «desarrollo».

En los países del Sur se formaron movimientos que el economista barcelonés Joan Martínez-Alier denomina la «ecología del pobre», o también «neonardonismo»[17] ecológico. Este designa así a las movilizaciones populares en defensa de la agricultura campesina y el acceso comunitario a los recursos naturales, amenazados de destrucción por la expansión agresiva del mercado (o del Estado), así como por luchas contra la degradación del medio ambiente inmediato provocada por el intercambio desigual, la industrialización dependiente, las manipulaciones genéticas y el desarrollo del capitalismo en el campo: los «agronegocios». A menudo, estos movimientos no se definen como ecologistas, pero su lucha no deja de tener una dimensión ecológica determinante.[18]

Es obvio que no se oponen a las mejoras aportadas por el progreso tecnológico: por el contrario, la demanda de electricidad, de agua corriente, las necesidades de canalización y de desagües, la implantación de dispensarios médicos figuran en un buen lugar en las plataformas de sus reivindicaciones. Lo que rechazan es la contaminación y la destrucción de su medio natural en nombre de las leyes del mercado y de los imperativos de la expansión capitalista.

Un texto del dirigente campesino peruano Hugo Blanco expresa notablemente el sentido de esta ecología de los pobres:

A primera vista los ecologistas o conservacionistas son unos tipos un poco locos que luchan porque los ositos panda o las ballenas azules no desaparezcan. Por muy simpáticos que le parezcan a la gente común, esta considera que hay cosas más importantes por las cuales preocuparse, por ejemplo, cómo conseguir el pan de cada día. [...] Pueden ser verdaderas hasta cierto punto esas opiniones, sin embargo en Perú existen grandes masas populares que son ecologistas activas (por supuesto si a esa gente le digo «eres ecologista» pueden contestarme «ecologista será tu madre» o algo por el estilo). [...] No son acaso ecologistas los pueblos de Ilo y de otros valles que están siendo afectados por la Southern? [...] Son completamente ecologistas las poblaciones que habitan la selva amazónica y que mueren defendiéndola contra sus depredadores. Es ecologista la población de Lima que protesta por estar obligada a bañarse en las playas contaminadas.[19]

A comienzos del siglo XXI, la ecología social se convirtió en una de las formaciones más importantes del vasto movimiento contra la globalización capitalista neoliberal que se expandió tanto al norte como al sur del planeta. La presencia masiva de los ecologistas fue una de las características impresionantes de la gran manifestación de Seattle contra la Organización Mundial del Comercio en 1999, que lanzó el movimiento internacional de oposición. Durante el primer Foro Social Mundial de Porto Alegre, en 2001, uno de los actos simbólicos fuertes fue la operación de arranque de una plantación de maíz transgénico de la multinacional Monsanto, conducida por militantes del Movimiento de los Trabajadores Rurales Sin Tierra brasileño (MST) y por la Confederación campesina francesa de José Bové. La lucha contra la multiplicación descontrolada de los OGM moviliza en Brasil, en India, en Francia y en otros países, no solo al movimiento ecológico, sino también al movimiento campesino, y a una parte de la izquierda, con la simpatía de la opinión pública, inquieta por las consecuencias imprevisibles de las manipulaciones transgénicas sobre la salud pública y el medio ambiente natural.

Lucha contra la mercantilización del mundo y en defensa del medio ambiente, de resistencia a la dictadura de las multinacionales y combate por la ecología, están íntimamente relacionados en la reflexión y en la práctica del movimiento mundial contra la mundialización capitalista/liberal.

CAPÍTULO 2

Ecosocialismo y planificación democrática

Si es imposible aplicar reformas al capitalismo con el objetivo de poner los beneficios al servicio de la supervivencia humana, ¿qué alternativa existe, si no es la de optar por un género de economía planificada en los niveles nacional e internacional? Problemas tales como el cambio climático necesitan la «mano visible» de la planificación directa [...]. En el seno del capitalismo, nuestros dirigentes corporativistas de ninguna manera pueden dejar de tomar sistemáticamente decisiones sobre el medio ambiente y la economía que son erróneas, irracionales y, a fin de cuentas, suicidas a nivel mundial, teniendo en cuenta la tecnología que tienen a su disposición. Entonces, ¿qué otra elección tenemos que no sea considerar una verdadera alternativa ecosocialista?[1]

RICHARD SMITH

El ecosocialismo tiene como objetivo proveer una alternativa de civilización radical a lo que Marx denominaba el «*progreso destructivo*» del capitalismo.[2] Propone una política económica que satisfaga las necesidades sociales y que mantenga el equilibrio ecológico; esta debe estar basada, entonces, en criterios no monetarios y extraeconómicos. Los principales fundadores del ecosocialismo encuentran su origen en el movimiento ecológico, al mismo tiempo que en la crítica marxista de la economía política. Esta síntesis dialéctica —considerada por un amplio espectro de autores, de André Gorz a Elmar Altvater; de James O'Connor a Joel Kovel y John Bellamy Foster— es al mismo tiempo una crítica de la «ecología de mercado», que se adapta al sistema capitalista, y del «socialismo productivista», que permanece indiferente a la cuestión de los límites de la naturaleza.

De acuerdo con los ecosocialistas, los ecologistas políticos no parecen tomar en consideración la contradicción intrínseca que existe entre la dinámica capitalista, basada en la expansión ilimitada del capital y la acumulación de las ganancias, y la preservación del medio ambiente. Sin duda a menudo hacen una crítica pertinente del productivismo, pero que no conduce, no obstante, más lejos que a las reformas «ecológicas», derivadas de la «economía de mercado».

En el siglo XX, la socialdemocracia y el movimiento comunista de inspiración soviética aceptaron el modelo de producción existente: para la primera, una versión reformada —keynesiana, en el mejor de los casos— del sistema capitalista; para el segundo, una forma de productivismo autoritaria y colectivista —o capitalismo de Estado—. En los dos casos, las apuestas medioambientales eran dejadas de lado o, al menos, marginadas.

Karl Marx y Friedrich Engels tenían conciencia de las consecuencias destructivas para el medio ambiente del modo de producción capitalista. Varios pasajes de *El capital*, así como otros escritos, nos lo indican.[3] Además, consideraban que el objetivo del socialismo no era producir cada vez más bienes, sino dar a los seres humanos tiempo libre para que puedan desarrollar plenamente su potencial. En este nivel, comparten poco la idea del «productivismo» definida como una expansión ilimitada de la producción como objetivo en sí.

No obstante, en varios de sus textos, se sugiere que la transformación socialista solo se refiere a las relaciones capitalistas de producción, que serían un obstáculo (el término empleado más a menudo es «cadenas») para el libre desarrollo de las fuerzas productivas. Entonces, socialismo querría decir, sobre todo, apropiación social de esas capacidades productivas, poniéndolas al servicio de los trabajadores. Tomemos, por ejemplo, un pasaje del *Anti-Dühring*, de Friedrich Engels, texto «canónico» si los hay para muchas generaciones de marxistas: bajo el régimen socialistas, «la sociedad toma posesión abiertamente y sin rodeos de las fuerzas productivas que se volvieron demasiado grandes» en el sistema existente.[4]

El caso de la Unión Soviética ilustra los problemas que se derivan de una apropiación colectivista del aparato productivo capitalista. La tesis de la socialización de las fuerzas productivas existentes predominó desde la instauración del régimen en 1917. Luego de la Revolución de Octubre, rápidamente, el proceso de burocratización estalinista puso a punto y aplicó métodos productivistas, tanto en la agricultura como en la industria: mientras el campesinado resistía, la política del régimen era impuesta por métodos totalitarios, a riesgo de eliminar a los refractarios o a los que se suponía lo eran. En los años sesenta, las autoridades soviéticas intensifican la cultura del algodón en Asia central, alimentada por el agua del mar de Aral: desde 1918, estas habían planificado desecar este mar para producir arroz y algodón. La catástrofe de Chernóbil en 1986 es el ejemplo extremo de las consecuencias desastrosas de la imitación de las tecnologías occidentales de producción. Si el cambio de las formas de propiedad no es seguido por una gestión democrática y por una reorganización ecológica del sistema de producción, se llega a una situación sin salida posible.

En los escritos de algunos disidentes marxistas de los años treinta, como Walter Benjamin, ya aparece una crítica de la ideología productivista del «progreso», así como de la idea de una explotación «socialista» de la naturaleza. No obstante, sobre todo en el curso de los últimos decenios del siglo XX, el ecosocialismo propiamente dicho quebrantó la tesis de la neutralidad de las fuerzas productivas.

El sistema productivo debe ser transformado en su conjunto. El control público de los medios y una planificación democrática que tome en cuenta la preservación de los equilibrios ecológicos son indispensables. Constituyen dos pilares del ecosocialismo: conforme a estos principios, la inversión derivará de decisiones de orden público, al igual que el cambio tecnológico; estos dos campos de competencia serán quitados a los bancos y a las empresas capitalistas, si se quiere que sirvan al bien común de la sociedad.

No obstante, no alcanza con poner esta competencia en manos de los trabajadores, es decir, la estricta categoría de los «activos». En *El capital*, Tomo III, Marx define el socialismo como una sociedad en la que «los productores asociados regulan racionalmente sus intercambios (Stoffwechsel) con la naturaleza». En el libro primero, amplía sin embargo su abordaje: el socialismo es concebido como «una asociación de seres humanos (Menschen) libres que trabajan con medios comunes (gemeinschaftlichen) de producción».[5] Esta concepción es mucho más apropiada: engloba a «productores» y consumidores, población productiva y «no productiva», a los estudiantes, la juventud, las mujeres (y hombres) que realizan las tareas hogareñas, jubilados y otros.

En este sentido, el conjunto de la sociedad será libre de elegir democráticamente las líneas productivas a privilegiar y el nivel de recursos que deberán ser invertidos en educación, salud o cultura.[6] El precio de los bienes ya no sería fijado de acuerdo con las leyes de la oferta y la demanda, sino que sería determinado de acuerdo con criterios sociales, políticos y ecológicos. Al comienzo, solo los impuestos sobre ciertos productos y subvenciones para otros serían aplicados, pero, idealmente, cada vez más productos y servicios serían distribuidos gratuitamente según la voluntad de los ciudadanos.

Lejos de ser «despótica» en sí, la planificación democrática es el ejercicio de la libertad de decisión que se da a la sociedad. Un ejercicio necesario para liberarse de las «leyes económicas» y de las «jaulas de hierro» alienantes que son las estructuras capitalistas y burocráticas. La planificación democrática asociada a la reducción del tiempo de trabajo sería un progreso considerable de la humanidad hacia, eso que Marx denominaba, «el reino de la libertad»: el aumento del tiempo libre es, de hecho, una condición de la participación de los trabajadores en la discusión democrática y en la gestión tanto de la economía como de la sociedad.

Los partidarios del mercado integral y del librecambio justifican su oposición categórica a cualquier forma de economía organizada por el fracaso de la planificación soviética. Se sabe, sin entrar en una discusión sobre los logros y los fracasos del ejemplo soviético, que se trataba, sin duda alguna, de una forma de «dictadura sobre las necesidades», para citar la expresión empleada por György Márkus y sus colegas de la Escuela de Budapest: un sistema no democrático y autoritario que otorgaba el monopolio de las decisiones a una oligarquía restringida de tecnoburócratas. No es la planificación la que condujo a la dictadura. La limitación creciente de la democracia en el seno del Estado soviético y la instauración de un poder burocrático totalitario después de la muerte de Lenin dieron lugar a un sistema de planificación cada vez más autoritario y no democrático. Si es verdad que el socialismo es definido como el control de los procesos de producción por los trabajadores y por la población en general, la Unión Soviética, bajo Stalin y luego bajo sus sucesores, estuvo muy lejos de corresponder a esta definición.

El fracaso de la Unión Soviética ilustra los límites y las contradicciones de una planificación burocrática, cuya ineficacia y cuyo carácter arbitrario precipitaron la caída del régimen: no puede servir de argumento contra la aplicación de una planificación realmente democrática.[7] La concepción socialista de la planificación no es más que la democratización radical de la economía: si es verdad que las decisiones políticas no deben corresponder a una pequeña élite de dirigentes, ¿por qué no aplicar el mismo principio a las decisiones de orden económico? *A fortiori*, cuando la cuestión económica es la materia política por excelencia. La cuestión del equilibrio entre los mecanismos del mercado y los de la planificación es, sin duda, una apuesta compleja. Durante las primeras fases de la sociedad de transición futura, los mercados todavía ocuparán, indudablemente, un lugar importante, pero su ámbito será enmarcado y restringido a medida que la transición hacia el socialismo progrese.[8]

Engels insistía en el hecho de que una sociedad socialista

> tendrá que erigir el plan de producción según los medios de producción, respecto de los que las fuerzas de trabajo forman parte especialmente. Son, a fin de cuentas, los efectos útiles de diversos objetos de uso, sopesados entre ellos y en relación con las cantidades de trabajo necesarias para su producción, los que determinarán el plan [...].[9]

En el sistema capitalista, el valor de uso solo es un medio —y a menudo un artificio— subordinado al valor de cambio y a la rentabilidad: esto explica, en realidad, por qué hay tantos productos en nuestra sociedad sin ninguna utilidad. En una economía socialista planificada, la producción de los bienes y de los servicios solo responde al criterio del valor de uso, lo que implica consecuencias en los niveles económico, social y ecológico, cuya amplitud sería espectacular. El principal impulsor de la transformación es el valor de uso: «El reforzamiento del valor de uso y las reestructuraciones subsecuentes de las necesidades se convierten en el parámetro social de la tecnología, en lugar de la transformación del tiempo en plusvalía y dinero»,[10] escribe Joel Kovel.

Entendámonos bien. El género de sistema de planificación democrática considerada aquí se refiere a los principios que valdrán en las elecciones económicas; y no se trata de planificar la administración de los restoranes, las tiendas de comestibles, las panaderías, los pequeños comercios, las empresas artesanales ni tampoco de los servicios. Es importante destacar que la planificación no entra en contradicción con la autogestión de los trabajadores en sus unidades de producción. Mientras que la decisión de transformar, por ejemplo, una fábrica de automóviles en unidad de producción de buses o de tranvías correspondería al conjunto de la sociedad, la organización y el funcionamiento internos de la fábrica serían administrados por los propios trabajadores. Se debatió ampliamente acerca del carácter «centralizado» o «descentralizado» de la planificación, pero lo importante sigue siendo el control democrático del plan en todos los niveles —local, regional, nacional, continental y, esperamos, planetario—, dado que los temas de la ecología, tales como el calentamiento climático, son mundiales y solo pueden ser tratados a esta escala. Esta proposición podría ser denominada «planificación democrática global». Incluso a un nivel como este, se trataría de una planificación —que se opone a lo que a menudo se describe como una «planificación central»—, pues las decisiones económicas y sociales no serían tomadas por un «centro» cualquiera, sino que serían determinadas democráticamente por las poblaciones implicadas.

Por supuesto, dentro de un sistema de planificación democrática no dejarán de evocarse tensiones y contradicciones entre los establecimientos autogestionados y las administraciones democráticas locales y de otros grupos sociales más amplios. Las negociaciones conducirán a la resolución de conflictos; en última instancia, a los grupos implicados más amplios, y solo si son mayoritarios, corresponderá ejercer su derecho a imponer sus opiniones. Tomemos un ejemplo: una fábrica autogestionada decide descargar sus desechos tóxicos en un río. La población de toda una región es amenazada por esta contaminación. En ese momento, ella puede, luego de un debate democrático, decidir que la producción de esa unidad debe ser detenida hasta que se encuentre una solución satisfactoria. Idealmente, en una sociedad ecosocialista, los propios trabajadores de la fábrica tendrán una conciencia ecológica suficiente y evitarán tomar decisiones peligrosas para el medio ambiente y para la salud de la población local. No obstante, el hecho de introducir medios que garanticen el poder de decisión de la población para defender el interés general, como en el ejemplo precedente, no significa que las cuestiones concernientes a la administración interna no tengan que someterse a los ciudadanos a nivel de la fábrica, de la escuela, del barrio, del hospital o del pueblo.

La planificación socialista debe estar basada en un debate democrático y pluralista, en cada nivel de decisión. Surgidos de partidos o de plataformas políticas, los delegados de los organismos de planificación son elegidos y las diversas proposiciones son presentadas a todos aquellos a los que conciernen. Dicho de otro modo, la democracia representativa debe ser enriquecida —y mejorada— por la democracia directa, que permite a las personas elegir directamente —en el nivel local, nacional y, en último lugar, internacional— entre diferentes proposiciones. Podría debatirse sobre la gratuidad del transporte público, sobre un impuesto especial pagado por los propietarios de automóviles para subvencionar el transporte público, sobre la subvención de la energía nuclear, sobre la reducción del tiempo de trabajo (a 30, 25 horas semanales o menos), incluso si esto implica una reducción de la producción. El carácter democrático de la planificación no la vuelve incompatible con la participación de los expertos, cuyo rol no es decidir, sino contribuir a los debates y a la información públicos conquistando su posición —a menudo diferente e, incluso, opuesta—. Ernest Mandel resumía así la democracia que planifica:

> Los gobiernos, los partidos políticos, los consejos de planificación, los científicos, los tecnócratas o los individuos pueden hacer proposiciones, presentar iniciativas e intentar influir a las personas... No obstante, en un sistema multipartidario, tales proposiciones nunca serán unánimes: las personas elegirán entre varias opciones coherentes. Así, el derecho y el poder efectivo de tomar

las decisiones deberían estar al mismo tiempo en las manos de la mayoría de los productores-consumidores-ciudadanos y de nadie más. ¿Hay algo paternalista o despótico en esta postura?[11]

Una objeción, no obstante, merece ser formulada: ¿qué garantía hay de que las personas harán las elecciones correctas, las que protegen el medio ambiente, incluso cuando el precio a pagar sea alto? Pues el precio será el cambio de una parte de sus hábitos de consumo.

Una «garantía» de este tipo no existe. Uno no puede más que confiar en la racionalidad de las decisiones democráticas. Es verdad que el pueblo a veces cometerá errores y malas elecciones, ¿pero acaso los expertos no cometen errores? Mandel observó:

> No pensamos que «la mayoría siempre tenga razón» […]. Todo el mundo comete errores. Esto es verdad para la mayoría de los ciudadanos, de los productores y de los consumidores, todos juntos. No obstante, habrá una diferencia esencial entre ellos y sus predecesores. En cualquier sistema en el que el poder es desigual […], quienes toman las malas decisiones acerca de la asignación de los recursos raramente son los que pagan las consecuencias de sus errores […]. Teniendo en cuenta el hecho de que exista una real democracia política, elecciones culturales reales e información, es difícil creer que la mayoría preferiría ver la desaparición de sus bosques […] o sus hospitales con un número insuficiente de personal antes que corregir los errores de asignación.[12]

Es razonable, entonces, considerar que los errores graves —incluyendo las decisiones incompatibles con las necesidades en materia de medio ambiente— serán corregidos. En todo caso, uno se puede preguntar si el proceso democrático, con todos sus límites… no sería menos peligroso que la alternativa —el mercado despiadado o una dictadura ecologista de los «expertos»—[13] que se perfila si los pueblos no intervienen.

Sin duda, para que la planificación funcione, son necesarios cuerpos ejecutivos y técnicos que puedan aplicar las decisiones, pero su autoridad será limitada por el control permanente y democrático ejercido por los niveles inferiores, allí donde la autogestión de los trabajadores tenga lugar en el proceso de administración democrática. De todos modos, no se puede esperar que la mayoría de la población emplee la totalidad de su tiempo libre a la autogestión o a reuniones participativas. Como lo observó Ernest Mandel, «la autogestión no tiene por efecto la supresión de la delegación, sino que es una combinación entre la toma de las decisiones por parte de los ciudadanos y un control más estricto de los delegados por sus electores respectivos».[14]

A comienzos de la década de 2000, el publicista norteamericano Michael Albert definió y describió la economía que sería «la vida después del capitalismo»: la denominó *«participatory economics»* o *parecon*, la «economía participalista». Esta fue el objeto de debates en el seno del movimiento altermundialista y del Global Justice Movement (el Movimiento por la justicia global). Esta concepción de una economía poscapitalista muestra serias limitaciones, como la ignorancia de la ecología; opone *«parecon»* y «socialismo», que reduce al modelo burocrático y centralista de la Unión Soviética. El *«parecon»* tiene características comunes con el género de planificación ecosocialista que formulamos nosotros: rechazo del mercado capitalista y de la planificación burocrática, antiautoritarismo y confianza otorgada a la autoorganización de los trabajadores. El modelo de planificación participativa de Albert se basa en una construcción institucional compleja. Esta está hecha del diálogo, de la concertación permanente de los diferentes actores sociales:

> Los trabajadores y los consumidores determinan en común la producción evaluando de manera profunda todas las consecuencias. Las instancias de asistencia para las decisiones anuncian a continuación los índices de los precios para todos los productos,

los factores de producción, entre los que se encuentran la mano
de obra y el capital fijo. Estos índices son calculados en función
del año precedente y de los cambios ocurridos. Los consumidores (individuos, consejos, federación de consejos) responden
con proposiciones utilizando esos precios como una evaluación
realista del conjunto de los recursos, del material, de la mano de
obra, de los efectos indeseables (como la contaminación) y ventajas sociales inherentes a cada bien o servicio. Simultáneamente,
los trabajadores individuales, así como sus consejos y federacio-
nes, hacen sus propias proposiciones, anunciando lo que prevén producir y los factores de producción necesarios, basándose
también ellos en los precios como estimación del valor social de
la producción y de los costos que implica. Sobre la base de las
proposiciones hechas públicas por los trabajadores y los consumidores, los consejos de decisión pueden calcular los excesos de
oferta o de demanda para cada producto y revisar el índice de
precios de acuerdo con un método que es objeto de un acuerdo
social. Los consejos revisan entonces sus proposiciones […]. En
la medida en que ningún actor tiene más influencia que otro
actor en el proceso de planificación, en el que cada uno evalúa
los costos y los beneficios sociales con un peso que corresponde
al grado de implicación en la producción y el consumo, ese proceso genera simultáneamente equidad, eficacia y autogestión.[15]

El principal problema de esta concepción —que no es para nada
«muy simple», contrariamente a lo que afirma Michael Albert, sino
extremadamente elaborada y, a veces, bastante oscura— es que
parece reducir la «planificación» a una especie de negociación entre
productores y consumidores sobre los precios, los recursos, los productos terminados, la oferta y la demanda. Concretamente, para la
rama de la industria del automóvil, esto se traduciría en una reunión del consejo de sus trabajadores con el consejo de consumidores para discutir precios y adaptar la oferta a la demanda. Lo que
aquí se omite es precisamente el objeto principal de la planificación

ecosocialista, su razón de ser: la reorganización del sistema de transporte, cuyo objetivo es reducir radicalmente el lugar del automóvil personal. El *parecon* privilegia la concertación, sector por sector, mientras que el ecosocialismo los recompone en su estructura, a la manera de diversas industrias —nuclear, por ejemplo—; o bien busca crear algo nuevo, a través de la inversión masiva, como la energía solar. ¿Cómo podría ser administrada toda la producción industrial por medio de «negociaciones cooperativas» entre las unidades de producción existentes y los consejos de consumidores, únicamente encuadrando sus «recursos» y sus «precios indicativos»?

El modelo de Albert conserva, de hecho, las estructuras tecnológicas y productivas actuales; es demasiado «economicista» para tomar en cuenta los intereses sociopolíticos y socioecológicos de la población —los intereses de los individuos en tanto seres humanos y ciudadanos, que viven en un medio ambiente natural amenazado, los cuales no pueden reducirse a sus intereses económicos en tanto productores y consumidores—. En su concepción, no solo el Estado en tanto institución es dejado a un lado —lo cual constituye una elección respetable—, sino que la *política* también es apartada, en tanto confrontación de diferentes elecciones, ya sean de orden económico, social, político, ecológico, cultural o relativo a la civilización, en los niveles local, nacional e internacional.

Este punto es muy importante dado que el pasaje del «progreso destructivo» del sistema capitalista al «socialismo» (o planificación democrática) es un proceso histórico, una transformación revolucionaria y constante de la sociedad, de la cultura y de las mentalidades —y la *política* en sentido amplio, tal como fue definida antes, está innegablemente en el corazón de este proceso—. Una evolución como esta no puede nacer sin un cambio revolucionario de las estructuras sociales y políticas y sin el apoyo activo de una amplia mayoría de la población al programa ecosocialista. Esta transición no solo conducirá a un nuevo modo de producción y a una sociedad democrática e igualitaria, sino también a otro *modo de vida*: conducirá a una verdadera *civilización* ecosocialista, por encima del imperio del dinero, con sus hábitos de consumo artificialmente inducidos por la publicidad y su producción ilimitada de bienes inútiles y/o perjudiciales para el medio ambiente.

Lejos de la concepción puramente *cuantitativa* del «crecimiento» —positivo o negativo—, la planificación ecosocialista tendrá como criterio de desarrollo lo *cualitativo*. Su primer objetivo es poner fin al despilfarro monstruoso de los recursos provocado por el capitalismo. La planificación excluirá de la producción a gran escala todos los productos inútiles y/o perjudiciales, como también todos esos «productos» fabricados en el sistema capitalista con una obsolescencia programada,[16] que no tienen más utilidad que la de generar volumen de negocios y sacar ganancia para las grandes empresas. La planificación no se interesa solo por el «consumo excesivo» en abstracto, entonces, sino más bien por el tipo de consumo.

La planificación democrática deberá hacer suyas, como prioridad, la cuestión alimentaria —tan crucial en el Norte como en el Sur— y la agricultura biológica campesina, organizada en unidades familiares, cooperativas o granjas colectivas, con el objetivo de terminar con los métodos destructivos y antisociales de la industria de los agronegocios; deberá decidir acerca de la producción de la industria química. De ninguna manera existe la necesidad —como parecen creerlo algunos ecologistas puritanos y ascéticos— de reducir, en términos absolutos, el nivel de vida de las poblaciones europeas o norteamericanas. Simplemente sería necesario que estas se desprendan de los productos inútiles y peligrosos, los que no satisfacen ninguna necesidad real y cuyo consumo obsesivo es mantenido por el sistema capitalista.

Otra prioridad, los recursos energéticos renovables: el agua, el viento y el sol. La cuestión de la energía es crucial, porque la energía fósil es responsable de la mayor parte de la contaminación del planeta y porque se agota. La energía nuclear es una falsa alternativa, no solo por el riesgo de un nuevo Chernóbil, sino también porque nadie sabe qué hacer con los millares de toneladas de residuos radioactivos —que continúan siendo tóxicos durante centenares, millares de años—. ¿En qué se convertirán las centrales detenidas, contaminadas e inútiles? Dejada de lado desde siempre por las sociedades capitalistas (por su falta de «rentabilidad» o de «competitividad»), la energía solar debe, en la planificación democrática, convertirse en objeto de impulso de investigaciones y de desarrollo. Debe desempeñar un rol central en la construcción de un sistema energético alternativo.

En el ámbito del transporte, el automóvil individual plantea problemas complejos. Los vehículos individuales son un perjuicio público. A escala planetaria, matan o mutilan a centenas de miles de personas cada año. Contaminan el aire de las grandes ciudades —con consecuencias nefastas para la salud de los niños y de las personas mayores— e influyen considerablemente en el cambio climático. Pero es necesario constatar que el automóvil satisface necesidades muy reales en las condiciones actuales del capitalismo. En las grandes ciudades europeas, en las que las autoridades se preocupan por el medio ambiente, experiencias locales —aprobadas por la mayoría de la población— demuestran que es posible limitar progresivamente el lugar del automóvil particular para privilegiar el bus o el tranvía. La planificación democrática podría apropiarse de la cuestión de la cobertura en red del territorio por medio de los transportes ferroviarios, tanto para los pasajeros como para el transporte de mercaderías.

Dentro de esta perspectiva sería mucho más fácil reducir drásticamente el transporte de mercaderías por carreteras —responsable de accidentes trágicos y del nivel de contaminación demasiado elevado— para reemplazarlo por el transporte ferroviario, o el transporte en camión por vías ferroviarias [*ferroutage*]: solo la lógica absurda de la «competitividad» capitalista explica el desarrollo del transporte a través de camiones. No es menos cierto que el automóvil no solo tiene su valor de uso, y que su valor simbólico es enorme, y esto es así desde su creación.[17]

La publicidad invadió nuestras calles, nuestros buzones de correo, nuestras pantallas de televisión, nuestros diarios y nuestros paisajes de una manera insidiosa, permanente y agresiva. La industria publicitaria contribuye directamente en los hábitos de consumo ostensible y compulsivo. Acerca de ella y de su existencia habrá que decidir en el marco de la planificación democrática. Es la causa de un despilfarro tremendo de petróleo, de electricidad, de tiempo de trabajo, de papel y de sustancias químicas, entre otras materias primas —todo pagado por los consumidores—. Se trata de una rama de «producción» que no solo es inútil desde el punto de vista humano, sino que también entra en contradicción con las necesidades sociales reales. Mientras que la publicidad es una dimensión indispensable en una economía de mercado capitalista, no tendría lugar en una sociedad de transición hacia el socialismo.

Una cosa es reconocer en el hombre sus deseos de representación, su necesidad de ostentación, pero otra es favorecer la publicidad, que concierne a la manipulación mental. La aspiración que debe ser cultivada es la del tiempo libre por sobre el deseo de poseer innumerables objetos. El fetichismo de la mercancía que mantiene y explota la publicidad incita a la compra compulsiva. Nada prueba que este modo de ser por el «tener» forme parte de la «eterna naturaleza humana». Como lo destacó Ernest Mandel,

> la acumulación permanente de bienes cada vez más numerosos (cuya «utilidad marginal» está en descenso) no es en absoluto un rasgo universal ni permanente del comportamiento humano. Una vez satisfechas las necesidades básicas, las motivaciones principales evolucionan: desarrollo de los talentos y de las inclinaciones gratificantes para uno mismo, preservación de la salud y de la vida, protección de los niños, desarrollo de relaciones sociales enriquecedoras...[18]

Los conflictos existirán y emergerán: entre las necesidades de protección del medio ambiente y las necesidades sociales, entre las obligaciones en materia de ecología y la necesidad de desarrollar las infraestructuras de base, entre los hábitos populares de consumo y la falta de recursos. El rol de la planificación democrática, en una perspectiva ecosocialista liberada de las obligaciones del capital y de la ganancia, será resolverlos gracias a discusiones abiertas y pluralistas, que conduzcan a la sociedad a tomar las decisiones. Una democracia como esta, común y participativa, es el único medio, no para evitar cometer errores, sino para corregirlos por medio de la colectividad social.

¿Se trata de una utopía? En el sentido etimológico —«algo que no existe en ningún lugar»—, sin duda. No obstante, las utopías, es decir, las visiones de un mundo alternativo, las imágenes ideales de una sociedad diferente, ¿no son una característica necesaria de cualquier movimiento que aspire a desafiar el orden establecido? Como lo explica Daniel Singer en su testamento literario y político, *À qui appartient l'avenir?* [¿A quién pertenece el futuro?], en un potente capítulo titulado «Une utopie réaliste» [Una utopía realista]:

> Si el establecimiento parece tan sólido a pesar de las circunstancias, y si el movimiento de los trabajadores —o la izquierda en general— está en ese punto debilitada o paralizada, es porque en ningún lado se presenta un proyecto alternativo radical […]. La regla del juego consiste en no poner en cuestión ni los principios de razonamiento ni los fundamentos de la sociedad. Solo una alternativa global, que rompa esta resignación y esta capitulación, podrá dar al movimiento de emancipación una real envergadura.[19]

La utopía socialista y ecológica solo es una *posibilidad objetiva*. No es el resultado mecánico de las contradicciones ni de las «leyes de hierro de la Historia». Solo se puede predecir el futuro bajo forma condicional: la lógica capitalista llevará a desastres ecológicos dramáticos que amenazan la salud y la vida de millones de seres humanos e, incluso, la supervivencia de nuestra especie, si no se asiste a un cambio radical del paradigma de la civilización y a una transformación ecosocialista.

Las experiencias en el nivel local, como las zonas sin automóviles en varias ciudades europeas, las cooperativas de agricultura orgánica lanzadas por el Movimiento de los Sin Tierra en Brasil (MST) o el presupuesto participativo de Porto Alegre son ejemplos limitados, pero no carentes de interés, del cambio social y ecológico. Con sus asambleas locales que decidían prioridades del presupuesto, Porto Alegre, capital del Estado de Rio Grande do Sul, era, a pesar de sus límites y hasta el fracaso de la izquierda en las elecciones municipales de 2002, el ejemplo más interesante de una «planificación desde abajo».[20]

No habrá transformación radical ni de transición hacia el ecosocialismo mientras las fuerzas comprometidas en un programa radical, socialista y ecológico no sean hegemónicas, en el sentido en el que lo entendía el teórico italiano Antonio Gramsci. En un sentido, el tiempo es nuestro aliado, pues trabajamos por el único cambio capaz de resolver los problemas del medio ambiente, cuya situación no hace más que agravarse. Por otro lado, el tiempo está contado; en algunos años —nadie podría decir cuándo—, los daños podrían ser irreversibles. No hay razones para ser optimista: el poder de las élites actuales a la cabeza del sistema es inmenso, y las fuerzas de oposición radical son aún modestas. No obstante, son la única esperanza que tenemos para poner un freno al «progreso destructivo» del capitalismo. Walter Benjamin proponía definir la revolución, no como «locomotora de la Historia», sino como la acción salvadora de la humanidad, que tira del freno de emergencia antes de que el tren se hunda en el abismo…[21]

II

MARXISMO Y ECOSOCIALISMO

CAPÍTULO 3

Progreso destructivo: Marx, Engels y la ecología

¿En qué medida el pensamiento de Marx y de Engels es compatible con la ecología moderna? ¿Se puede concebir una lectura ecológica de Marx? ¿Cuáles son los aportes indispensables del marxismo para la constitución de un ecosocialismo a la altura de los desafíos del siglo XXI? ¿Y cuáles son las concepciones de Marx que exigen una «revisión» en función de estas exigencias?

Mi punto de partida es la siguiente comprobación: en primer lugar, los temas ecológicos no ocupan un lugar central en el dispositivo teórico marxiano; en segundo lugar, los escritos de Marx y de Engels sobre la relación entre las sociedades humanas y la naturaleza están lejos de ser unívocos y pueden, en consecuencia, ser objeto de interpretaciones diferentes. A partir de estas premisas, intentaré poner en evidencia algunas tensiones o contradicciones en los textos de los fundadores del materialismo histórico, subrayando, no obstante, las pistas que dan para una ecología de inspiración marxista.

¿Cuáles son las principales críticas que los ecologistas dirigen al pensamiento de Marx y de Engels?

En primer lugar, se describe a los dos pensadores como partidarios de un progresismo conquistador, «prometeico», que opone el hombre a la naturaleza y hace de él «como el amo y poseedor» del mundo natural, de acuerdo con la fórmula de Descartes. Es verdad que en ambos se encuentran numerosas referencias a las nociones de «control», de «dominio» o incluso de «dominación» de la naturaleza.

Por ejemplo, según Engels, en el socialismo, los seres humanos «por primera vez se convierten en amos reales y conscientes de la naturaleza, en tanto amos de su propia vida en sociedad».[1] No obstante, como lo veremos más adelante, los términos «dominio» o «dominación» de la naturaleza a menudo remiten al conocimiento de las leyes de la naturaleza.

Luego, lo que impresiona desde los primeros escritos de Marx es su naturalismo ostensible, su visión del ser humano como un ser natural, inseparable de su medio ambiente natural. La naturaleza, escribe Marx en los *Manuscritos económico-filosóficos* de 1844, «es *el cuerpo no orgánico del hombre*». O también: «Decir que la vida física e intelectual del hombre está indisolublemente ligada a la naturaleza no quiere decir algo diferente de que la naturaleza está indisolublemente ligada a sí misma, pues el hombre es una parte de la naturaleza».

Sin duda, Marx reivindica el humanismo, pero define el comunismo como un humanismo que es, al mismo tiempo, un «naturalismo consumado»; y, sobre todo, lo concibe como la verdadera solución del «antagonismo entre el hombre y la naturaleza». Gracias a la abolición positiva de la propiedad privada, la sociedad humana se convertirá en la «culminación de la unidad esencial del hombre con la naturaleza, la verdadera resurrección de la naturaleza, el naturalismo consumado del hombre y el humanismo consumado de la naturaleza».[2]

Estos pasajes no se ocupan directamente del problema ecológico —ni *a fortiori* de las amenazas al medio ambiente—, pero se inscriben en una lógica que permite un abordaje de la relación hombre-naturaleza que no sea unilateral. En un texto célebre de Engels sobre «el rol del trabajo en la transformación del mono en hombre» (1876), esta concepción del naturalismo funda su crítica de la actividad predadora del hombre sobre el medio ambiente:

No debemos jactarnos demasiado de nuestras victorias humanas sobre la naturaleza. Por cada una de estas victorias, la naturaleza se venga sobre nosotros. Es verdad que cada victoria nos da, en primera instancia, los resultados esperados pero, en segunda y tercera instancias, ella tiene efectos diferentes, no esperados, que muy a menudo anulan el primero. Las personas que, en Mesopotamia, en Grecia, en Asia Menor y en otros lugares, destruyeron los bosques para obtener tierras cultivables nunca imaginaron que, al eliminar junto con los bosques los centros de recolección y las reservas de agua, sentaron las bases para el estado desolado actual de esas regiones. Cuando los italianos de los Alpes talaron los bosques de pino de las vertientes sur, tan amados en las vertientes norte, no tenían la menor idea de que, actuando de esa manera, talaban las raíces de la industria lechera de su región; aún menos preveían que, a través de su práctica, privaban a sus manantiales montañeses de agua durante la mayor parte del año [...]. Los hechos nos recuerdan a cada paso que no reinamos de ninguna manera sobre la naturaleza como un conquistador reina sobre un pueblo extranjero, como alguien que está por fuera de la naturaleza, sino que le pertenecemos con nuestra carne, nuestra sangre, nuestro cerebro, que estamos en su seno y que toda nuestra dominación sobre ella reside en la ventaja que tenemos sobre el conjunto de las otras criaturas de conocer sus leyes y de poder servirnos de ellas de manera juiciosa.[3]

Sin duda, este pasaje tiene un carácter muy general; no cuestiona el modelo de producción capitalista, pero las civilizaciones antiguas no dejan de constituir un argumento ecológico de una sorprendente modernidad, tanto por su advertencia contra las destrucciones generadas por la producción como por su crítica de la deforestación.

Según los ecologistas, Marx, siguiendo en esto al economista inglés David Ricardo, atribuiría el origen de todo valor y de toda riqueza al trabajo humano, dejando a un lado el aporte de la naturaleza. Esta crítica deriva, desde mi punto de vista, de un malentendido: Marx emplea la teoría del valor-trabajo para explicar el origen del *valor de cambio* en el marco del sistema capitalista. Por el contrario, la naturaleza participa en la formación de las verdaderas riquezas, que no son los valores de cambio, sino los *valores de uso*. Esta tesis está propuesta explícitamente por Marx en la *Crítica del programa de Gotha* (1875), texto dirigido contra las ideas del socialista alemán Ferdinand de Lassalle y de sus discípulos:

> El trabajo no es *la fuente* de toda riqueza. La *naturaleza* es fuente de los valores de uso (¡que son efectivamente, no obstante, la riqueza real!), como también lo es el trabajo, que no es más que la expresión de una fuerza natural, la fuerza de trabajo del hombre.[4]

Los ecologistas acusan a Marx y a Engels de productivismo. ¿Es justificada esta acusación?

No, en la medida en que nadie denunció tanto como Marx la lógica capitalista de producción por la producción, la acumulación del capital, de las riquezas y de las mercancías como un objetivo en sí. La idea del socialismo —en contra de sus miserables imitaciones burocráticas— es la de una producción de *valores de uso*, de bienes necesarios para la satisfacción de las necesidades humanas. El objetivo supremo del progreso técnico, según Marx, no es el crecimiento infinito de bienes (el «tener»), sino *la reducción de la jornada de trabajo*, y el crecimiento del tiempo libre (el «ser»).[5]

No obstante, es verdad que a menudo se encuentra en Marx y en Engels (y aún más en el marxismo posterior) una postura poco crítica respecto al sistema de producción industrial creado por el capital, y una tendencia a hacer del «desarrollo de las fuerzas productivas» el principal vector del progreso. Desde este punto de vista, el texto «canónico» es el célebre prefacio a la *Contribución a la crítica de la economía política* (1859), uno de los escritos de Marx más marcados por cierto como evolucionismo, por la filosofía del progreso, por el cientismo (el modelo de las ciencias de la naturaleza) y por una visión de ninguna manera problematizada de las fuerzas productivas:

> En cierto estadio de su desarrollo, las fuerzas productivas materiales de la sociedad entran en contradicción con las relaciones de producción existentes […]. De formas de desarrollo de las fuerzas productivas que eran, estas relaciones se convierten en obstáculos. Entonces se abre una época de revolución social. […] Una formación social no desaparece nunca antes de que se hayan desarrollado todas las fuerzas productivas que es lo suficientemente amplia para contener.[6]

En este pasaje célebre, las fuerzas productivas aparecen como «neutras», y la revolución no tiene otra tarea que abolir las relaciones de producción que se convirtieron en un «obstáculo» para un desarrollo ilimitado de estas.

El pasaje siguiente de los *Grundrisse* (1857-1859, esbozos de *El capital*) es un buen ejemplo de la admiración muy poco crítica de Marx por la obra «civilizadora» de la producción capitalista, y por su instrumentalización brutal de la naturaleza:

> Así, pues, la producción basada en el capital crea, por un lado, la industria universal, es decir, el sobretrabajo, al mismo tiempo que el trabajo creador de valores; por otro lado, un sistema de explotación general de las propiedades de la naturaleza y del hombre. […] El capital empieza a crear, entonces, la sociedad burguesa y la apropiación universal de la naturaleza y establece una red que engloba a todos los miembros de la sociedad: *así es la gran acción civilizadora del capital.*
>
> Se eleva hasta tal nivel social que todas las sociedades anteriores aparecen como desarrollos puramente *locales* de la humanidad y como una *idolatría de la naturaleza.* En efecto, la naturaleza se convierte en un puro objeto para el hombre, una cosa útil. No se la reconoce más como un poder. La inteligencia teórica de las

leyes naturales tiene todos los aspectos de la astucia que busca someter la naturaleza a las necesidades humanas, o bien como objeto de consumo, o bien como medio de producción.[7]

Parece faltar a Marx, al igual que a Engels, una noción general de los límites naturales para el desarrollo de las fuerzas productivas.[8] No obstante, se encuentra bajo su pluma la intuición de que las fuerzas productivas tienen un potencial destructivo de estas, como, por ejemplo, en este pasaje de *La ideología alemana* (1845-1846):

> En el desarrollo de las fuerzas productivas, se llega a un estadio en el que nacen fuerzas productivas y medios de circulación que solo pueden ser nefastos en el marco de las relaciones existentes y no son más fuerzas productivas, sino fuerzas destructivas (el maquinismo y el dinero).[9]

Desafortunadamente, esta idea no es desarrollada por los dos autores, y no es seguro que la destrucción de la que se trata aquí sea también la de la naturaleza.

Por el contrario, en varios pasajes que se refieren a la agricultura, se ve esbozar una verdadera problemática ecológica y una crítica radical de las catástrofes que derivan del productivismo capitalista: Marx postula una especie de *teoría de la ruptura del metabolismo* entre las sociedades humanas y la naturaleza, que derivaría del productivismo capitalista.[10] El punto de partida de Marx lo constituyen los trabajos del químico y agrónomo alemán Justus von Liebig, uno de cuyos «méritos inmortales es haber destacado ampliamente el lado negativo de la agricultura moderna desde el punto de vista científico»,[11] escribe. La expresión «*Riß des Stoffwechsels*», literalmente «ruptura» o «desgarramiento» «del metabolismo» o «de los intercambios materiales», aparece principalmente en un pasaje del capítulo 47, «Génesis de la renta de la tierra capitalista», en el Tomo III de *El capital*:

Por una parte, la gran propiedad territorial reduce la población agrícola a un mínimo en decadencia constante; por otra parte, le opone una población industrial en constante crecimiento, acumulada en las grandes ciudades: crea, en consecuencia, condiciones que provocan una ruptura irreparable (*unheilbaren Riß*) en el metabolismo (*Stoffwechsel*) social, un metabolismo prescrito por las leyes naturales de la vida; de esto se deriva que la fuerza del suelo es dilapidada (*verschleudert*), y este despilfarro se extiende debido al comercio mucho más allá de los límites de cada país. (Liebig) [...] La gran industria y la gran agricultura industrial actúan en común. Mientras que en el origen se distinguían en el hecho de que la primera devastaba (*verwüstet*) y arruinaba la fuerza de trabajo y, en consecuencia, la fuerza natural de los seres humanos, mientras que la segunda hacía directamente lo mismo a la fuerza natural del suelo, en su desarrollo posterior ellas unieron sus esfuerzos, en la medida en que el sistema industrial en el campo debilita también al trabajador, mientras que la industria y el comercio proveen a la agricultura los medios para agotar el suelo.[12]

Como en la mayoría de los ejemplos que veremos a continuación, la atención de Marx se concentra sobre la agricultura y el problema de la devastación de los suelos, pero une esta cuestión a un principio más general: la ruptura en el sistema de intercambios materiales (*Stoffwechsel*) entre las sociedades humanas y el medio ambiente, en contradicción con las «leyes naturales» de la vida. También es interesante observar dos sugerencias importantes, aun cuando hayan sido poco desarrolladas por Marx: la cooperación entre la industria y la agricultura en ese proceso de ruptura, y la extensión de los daños, gracias al comercio internacional, a una escala global.

El tema de la ruptura del metabolismo se encuentra también en un pasaje conocido del Tomo I de *El capital*: la conclusión del capítulo sobre la gran industria y la agricultura. Es uno de los raros textos de Marx en los que se trata explícitamente de los estragos provocados en el medio ambiente natural por el capital; aparece allí

una visión dialéctica de las contradicciones del «progreso» indu-
cido por las fuerzas productivas:

> La producción capitalista [...] no solo destruye la salud física de
> los obreros urbanos y la vida espiritual de los trabajadores rura-
> les, sino que también perturba la circulación material (*Stoffwech-
> sel*) entre el hombre y la tierra, y la condición natural eterna de la
> fertilidad durable (*dauernden*) del suelo, volviendo cada vez más
> difícil la restitución al suelo de los ingredientes que le son quita-
> dos y que son usados en forma de alimentos, de ropa, etc. Pero,
> transformando las condiciones en las que se produce casi espon-
> táneamente esa circulación, obliga a restablecerla de una manera
> sistemática, bajo una forma adecuada al desarrollo humano inte-
> gral y como ley reguladora de la producción social. [...] Además,
> cada progreso de la agricultura capitalista no solo es un progreso
> en el arte de explotar al trabajador, sino también en el arte de
> despojar el suelo; cada progreso en el arte de incrementar su fer-
> tilidad por un tiempo es un progreso en la ruina de las fuentes
> durables de fertilidad. Cuanto más un país, los Estados Unidos
> de América, por ejemplo, se desarrolla sobre la base de la gran
> industria, tanto más ese proceso de destrucción se consuma rápi-
> damente. La producción capitalista no desarrolla, entonces, la
> técnica y la combinación del proceso de producción social más
> que socavando (*untergräbt*) al mismo tiempo las dos fuentes de
> donde mana toda riqueza: la tierra y el trabajador.[13]

Varios aspectos son notables en este texto: en primer lugar, la idea
de que el progreso puede ser destructivo, un «progreso», entonces, en la degradación y el deterioro del medio ambiente natural.
El ejemplo elegido no es el mejor, y aparece demasiado limitado
—la pérdida de la fertilidad del suelo—, pero al menos plantea la
cuestión más general de los ataques al medio natural, a las «condiciones naturales eternas», por parte de la producción capitalista. La
explotación y el sometimiento de los trabajadores y de la naturaleza
son aquí puestos en paralelo, como resultado de la misma lógica

predadora, la que prevalece en el desarrollo de la gran industria y de la agricultura capitalistas. Este es un tema que vuelve a menudo en *El capital*, por ejemplo en el capítulo dedicado a la jornada de trabajo:

> La limitación del trabajo manufacturero fue dictada por la necesidad, por la misma necesidad que hizo esparcir el guano en lo campos de Inglaterra. La misma codicia ciega que agota el suelo atacaba hasta su raíz la fuerza vital de la nación. […] En su pasión ciega y desmesurada, en la glotonería de trabajo, el capital no solo supera los límites morales, sino también el límite fisiológico extremo de la jornada de trabajo. […] Y alcanza su objetivo reduciendo la vida del trabajador, de la misma manera en que un agricultor ávido obtiene de su suelo un mayor rendimiento agotando su fertilidad.[14]

Esta asociación directa hecha por Marx entre la explotación del proletariado y la de la tierra efectivamente inicia una reflexión acerca de la articulación entre lucha de clases y defensa del medio ambiente, en un combate común contra la dominación del capital.

Todos estos textos ponen en evidencia la contradicción entre la lógica inmediatista del capital y la posibilidad de una agricultura basada en una temporalidad mucho más larga, es decir, en una perspectiva duradera e intergeneracional que respete el medio ambiente:

> Aun químicos agrícolas totalmente conservadores, como Johnston, por ejemplo, reconocen que la propiedad privada es un límite infranqueable para una agricultura verdaderamente racional. […] Todo el espíritu de la producción capitalista, orientada hacia la ganancia monetaria inmediatamente próxima, está en contradicción con la agricultura, que debe tener en cuenta el conjunto permanente (*ständigen*) de las condiciones de vida de la cadena de las generaciones humanas. Los bosques son un ejemplo impresionante de esto, en la medida en que son administrados en cierta medida de acuerdo con el interés general solo cuando no están sometidos a la propiedad privada sino a la gestión estatal.[15]

Luego del agotamiento del suelo, el otro ejemplo de catástrofe ecológica evocado frecuentemente por Marx y Engels es el de la destrucción de los bosques. Aparece varias veces en *El capital*:

> El desarrollo de la civilización y de la industria en general [...]
> siempre se mostró tan activo en la devastación de los bosques
> que todo lo que puede ser emprendido para su conservación y su
> producción es, en comparación, completamente insignificante.[16]

Los dos fenómenos —la degradación de los bosques y del suelo—
están, además, estrechamente vinculados en sus análisis. En un
pasaje de la *Dialéctica de la naturaleza*, Engels se refiere a la destrucción de los bosques cubanos por parte de los grandes productores
españoles de café y a la desertificación que se deriva de la explotación de los suelos; la califica como ejemplo de la «actitud inmediata
y predadora hacia la naturaleza del actual modo de producción»
y de la indiferencia por los efectos naturales perjudiciales de sus
acciones a más largo plazo.[17]

El problema de la contaminación del medio ambiente no está
ausente de las preocupaciones de los dos pensadores, pero es abor-
dado casi exclusivamente desde el ángulo de la insalubridad de los
barrios obreros de las grandes ciudades inglesas. El ejemplo más
impresionante está contenido en las páginas de *Situación de la clase
obrera en Inglaterra*: Engels describe allí con horror e indignación la
acumulación de los detritus y de los residuos industriales, vertidos
en las calles y en los ríos; habla de las emanaciones de gas carbónico que envenenan la atmósfera, de las «exhalaciones de los ríos
contaminados y pútridos» y otros.[18] Implícitamente, estos pasajes,
y otros análogos, denuncian la contaminación del medio ambiente
por parte de la actividad industrial capitalista, pero la cuestión
nunca es planteada directamente.

¿Cómo definen Marx y Engels el programa socialista en relación con el medio ambiente natural?

Ambos pensadores a menudo parecen concebir la producción socialista como la apropiación *colectiva* de las fuerzas y medios de producción desarrollados por el capitalismo: una vez abolido el «obstáculo» que representan las relaciones de producción y, en particular, las relaciones de propiedad, estas fuerzas podrán desarrollarse plenamente. Habría, entonces, una especie de continuidad sustancial entre el aparato productivo capitalista y el socialista, y la apuesta socialista es ante todo una gestión planificada y racional de esta civilización material creada por el capital.

Por ejemplo, en la célebre conclusión del capítulo sobre la acumulación primitiva de *El capital*, Marx escribe:

> El monopolio del capital se convierte en un obstáculo para el modo de producción que creció y prosperó con él y bajo sus auspicios. La socialización del trabajo y la centralización de sus resortes materiales llegan a un punto en que ya no pueden mantenerse en su envoltura capitalista. Esta envoltura vuela en pedazos. Termina la hora de la propiedad capitalista. […] La producción capitalista engendra su propia negación con la fatalidad que preside a las metamorfosis de la naturaleza.[19]

Independientemente del determinismo fatalista y positivista que lo caracteriza, este pasaje parece dejar intacto, en la perspectiva socialista, el conjunto del modo de producción creado «bajo los auspicios» del capital, sin poner en cuestión más que la «envoltura» de la propiedad privada, convertida en un «obstáculo» para los recursos materiales de la producción. Se vuelve a encontrar la misma lógica en varios pasajes del *Anti-Dühring* (1875), de Friedrich Engels, en el que se aborda el socialismo como desarrollo ilimitado de las fuerzas productivas:

> La fuerza de expansión de los medios de producción hace sal-
> tar las cadenas con las que el modo de producción capitalista la
> había cargado. Su liberación de las cadenas es la única condición
> requerida para un desarrollo ininterrumpido de las fuerzas pro-
> ductivas, que progresan a un ritmo cada vez más rápido y, en
> consecuencia, para un crecimiento sin límites de la producción.[20]

No es necesario decir que el problema del medio ambiente está
ausente en esta concepción sobre el paso al socialismo. No obstante,
también se encuentran otros escritos que toman en consideración la
dimensión ecológica del programa socialista y abren algunas pistas interesantes. Observamos que los *Manuscritos de 1844* de Marx
se refieren al comunismo como la «verdadera solución del antagonismo entre el ser humano y la naturaleza». Y, en el pasaje citado,
Marx da a entender que las sociedades precapitalistas aseguraban
«espontáneamente» (*naturwüchsig*) el metabolismo (*Stoffwechsel*)
entre los grupos humanos y la naturaleza; en el socialismo (la palabra no aparece directamente, pero se la puede inferir en el contexto), se deberá restablecer el ciclo material «como ley reguladora
de la producción social». Es una lástima que ni Marx ni Engels
hayan desarrollado más su intuición basada en la idea de que las
sociedades precapitalistas vivían «espontáneamente» en armonía
con su medio natural, y que la tarea del socialismo será la de restablecer esa armonía sobre bases nuevas.[21]

Varios pasajes de Marx parecen considerar la conservación del
medio ambiente como una tarea fundamental del socialismo. Por
ejemplo, el Tomo III de *El capital* opone, a la lógica capitalista de la
gran producción agrícola, basada en la explotación y el despilfarro
de las fuerzas del suelo, otra lógica, de naturaleza socialista: el «tratamiento conscientemente racional de la tierra como eterna propiedad comunitaria, y como condición inalienable (*unveräußerlichen*)
de la existencia de la reproducción de la cadena de las generaciones

humanas sucesivas». Un razonamiento análogo se aprecia en las anteriores páginas.

> Ni una sociedad entera, ni una nación; ni, finalmente, todas las sociedades contemporáneas tomadas en su conjunto son propietarias de la tierra. Solo son sus ocupantes, los que la usufructúan (*Nutznießer*), y deben, *como boni patres familias*, dejarla en mejor estado para las futuras generaciones.[22]

En otros términos, Marx parece aceptar el «principio responsabilidad» que, mucho más tarde, será caro a Hans Jonas, el de la obligación que corresponde a cada generación de respetar el medio ambiente —condición de existencia para las generaciones humanas futuras.

En algunos textos, el socialismo está asociado a la abolición de la separación entre ciudades y campo y, en consecuencia, a la supresión de la contaminación industrial urbana:

> Solo a través de la fusión de la ciudad y el campo se puede eliminar la intoxicación actual del aire, del agua y del suelo; solo ella puede llevar a las masas que hoy languidecen en las ciudades al punto en el que su estiércol servirá para producir plantas, en lugar de producir enfermedades.[23]

La formulación es torpe —¡en la medida en que la cuestión se reduce a un problema de transformación del estiércol humano!—, pero plantea un problema crucial: ¿cómo poner fin al envenenamiento industrial del medio ambiente? La novela utópica del gran escritor marxista libertario William Morris, *Noticias de ninguna parte* (1890), es un intento fascinante por imaginar un mundo socialista nuevo, en el que las grandes ciudades industriales habrían cedido su lugar a un hábitat urbanorural respetuoso del medio ambiente natural.

Finalmente, siempre en ese mismo Tomo III de *El capital*, Marx ya no define el socialismo como la «dominación» o el «control» humano sobre la naturaleza, sino más bien como el control sobre los intercambios materiales con la naturaleza: en la esfera de la producción material, «la única libertad posible es la regulación racional, por parte del ser humano socializado, de los productores asociados, de su metabolismo (*Stoffwechsel*) con la naturaleza; que lo controlen juntos en lugar de ser dominados por él como por un poder ciego».[24]

No sería difícil encontrar otros ejemplos de una real sensibilidad hacia la cuestión del medio ambiente natural de la actividad humana. No es menos cierto que a Marx y Engels les falta una perspectiva ecológica de conjunto. Por lo demás, es imposible pensar una ecología crítica a la altura de los desafíos contemporáneos, sin tomar en consideración la crítica marxiana de la economía política, su cuestionamiento de la lógica destructiva inducida por la acumulación ilimitada del capital. Una ecología que ignora o desprecia el marxismo y su crítica del fetichismo de la mercancía está condenada a no ser más que un correctivo de los «excesos» del productivismo capitalista.

Provisoriamente se podría concluir con una sugestión, que me parece pertinente, formulada por Daniel Bensaïd en su notable obra consagrada a Marx: reconociendo que sería tan abusivo exonerar a Marx de las ilusiones «progresistas» o «prometeicas» de su tiempo como hacer de él un poeta de la industrialización a ultranza, nos propone un recorrido mucho más fecundo: instalarse en las contradicciones de Marx y tomarlas en serio. La primera de estas contradicciones es, por supuesto, la que se da entre el credo productivista de algunos textos y la intuición de que el progreso puede ser fuente de destrucción irreversible del medio ambiente natural».[25]

¿Qué transformaciones deben darse en el sistema productivo para que resulte compatible con la salvaguardia de la naturaleza?

El desafío del ecosocialismo es reorientar el progreso de manera tal de volverlo compatible con la preservación del equilibrio ecológico del planeta.

El talón de Aquiles del razonamiento de Marx y de Engels era, en ciertos textos canónicos, una concepción acrítica de las fuerzas productivas capitalistas, es decir, del aparato técnico / productivo capitalista / industrial moderno, como si fueran neutras y como si bastara a los revolucionarios con socializarlas, reemplazando su apropiación privada por una apropiación colectiva, de modo tal de hacer que se orienten en beneficio de los trabajadores de manera ilimitada. Pienso que habría que aplicar al aparato productivo modelado por el capital el mismo razonamiento que Marx proponía, en *La guerra civil en Francia* (1871), en relación con el aparato de Estado: «La clase obrera no puede contentarse con tomar tal cual la máquina del Estado y hacerla funcionar para su beneficio».[26] *Mutatis mutandis*, los trabajadores no pueden contentarse con tomar, tal cual, la máquina productiva capitalista y orientarla en beneficio propio; deben transformarla radicalmente. Una transformación que se puede estimar equivalente a la que Marx deseaba en una carta a Kugelmann en relación con la Comuna de París: «romper el aparato de Estado» burgués sería «romper el aparato neoliberal». Esto no solo implica el reemplazo de las formas de energías destructivas por fuentes de energía renovables y no contaminantes, como la energía solar, sino también una profunda transformación del sistema productivo heredado del capitalismo, así como de los sistemas de transporte y de hábitat urbano.

En resumen, el ecosocialismo implica una ruptura radical con la civilización material capitalista. Dentro de esta perspectiva, el proyecto socialista no solo apunta a una nueva sociedad y a un nuevo modo de producción, sino *también a un nuevo paradigma de civilización.*

CAPÍTULO 4

La Revolución es el freno de emergencia. Actualidad político-ecológica de Walter Benjamin

Walter Benjamin fue uno de los pocos marxistas que, antes de 1945, propuso una crítica radical del concepto de «explotación de la naturaleza» y de la relación «asesina» de la civilización capitalista con esta.

En 1928, en su libro *Dirección única* (*Einbahnstraße*), denuncia la idea de dominación de la naturaleza como un discurso «imperialista» y propone una nueva definición de la técnica como «control de las relaciones entre la naturaleza y la humanidad». En sus escritos de los años 1930, se refiere a las prácticas de las culturas premodernas para criticar la «avidez» destructiva de la sociedad burguesa en su relación con la naturaleza. «Los más viejos usos de los pueblos parecen dirigirnos como una advertencia: cuidarnos del gesto de avidez cuando se trata de aceptar lo que recibimos tan abundantemente de la naturaleza». Habría que «manifestar un profundo respeto» por la «tierra nutricia»; si, un día, «la sociedad, bajo el efecto del desamparo y la avidez, es desnaturalizada al punto de recibir solo a través del robo los dones de la naturaleza [...], su suelo se empobrecerá y la tierra dará malas cosechas», escribe. Parecería que ese día ha llegado...

En uno de los textos que conforman *Dirección única*, leemos bajo el título «Aviso de incendio» una premonición histórica de las amenazas del progreso, íntimamente asociadas al desarrollo tecnológico impulsado por el capital: si el derrocamiento de la burguesía por parte del proletariado «no es consumado antes de un momento casi calculable de la evolución técnica y científica (indicado por la inflación y la guerra química), todo está perdido. Hay que cortar la mecha que arde antes de que la chispa alcance la dinamita»,[1] escribe Benjamin. Se equivocó en lo que concierne a la inflación, pero no en relación con la guerra; no obstante, no podía prever que el arma química, es decir, los gases letales, ya no sería usada en los campos de batalla, como en la Primera Guerra Mundial, sino en las cámaras para el exterminio industrial de los judíos y de los gitanos. Contrariamente al marxismo evolucionista vulgar, Benjamin no concibe la revolución como el resultado «natural» o «inevitable» del progreso económico y técnico (o de la «contradicción entre fuerzas y relaciones de producción»), sino como la *interrupción* de una evolución histórica que conduce a la catástrofe. La alegoría de la revolución como «freno de emergencia» ya es sugerida en este pasaje.

Debido al hecho de que percibe la catástrofe, Benjamin reivindica, en su artículo sobre el surrealismo que data de 1929, un *pesimismo* —un pesimismo revolucionario que no tiene nada que ver con la resignación fatalista, y aún menos con el *Kulturpessimismus* alemán, conservador, reaccionario y prefascista, que sería el de un Carl Schmitt, de un Oswald Spengler o de un Moeller van der Bruck—. El pesimismo está aquí al servicio de la emancipación de las clases oprimidas. Su preocupación no es la «decadencia» de las élites, o de la nación, sino la amenaza que hace pesar sobre la humanidad el progreso técnico y económico promovido por el capitalismo.

La filosofía pesimista de la Historia de Benjamin se manifiesta de manera particularmente aguda en su visión del futuro europeo.

> Pesimismo en general. Sí, sin duda, y totalmente. Desconfianza en cuanto al destino de la literatura, desconfianza en cuanto al destino de la libertad, desconfianza en cuanto al destino del hombre europeo, pero, sobre todo, tres veces desconfianza frente a cualquier acomodamiento: entre las clases, entre los pueblos,

entre los individuos. Y confianza ilimitada en I.G. Farben y en el perfeccionamiento pacífico de la Luftwaffe.[2]

La mirada lúcida permite a Benjamin percibir —intuitivamente, pero con una extraña agudeza— la aplicación metódica que pondría el complejo militar-industrial alemán en destruir Europa, perfectamente resumida en la expresión irónica «confianza ilimitada». Por supuesto, no podía prever los bombardeos de la Luftwaffe sobre Londres y las otras ciudades europeas y sobre las poblaciones civiles; y aún menos podía imaginar que el industrial I.G. Farben iba a destacarse, apenas una docena de años más tarde, por la producción del Ziklon B, gas utilizado para «racionalizar» el genocidio, ni que sus fábricas iban a emplear, por centenares de miles, la mano de obra concentracionaria. No obstante, único entre todos los pensadores y dirigentes marxistas de esos años treinta, Benjamin tuvo la premonición de los monstruosos desastres que podía engendrar la civilización industrial-burguesa en crisis.

Si bien rechaza las doctrinas del progreso inevitable, propone, no obstante, una alternativa radical al desastre inminente: la utopía revolucionaria. Las utopías, los sueños de un futuro diferente nacen —escribe en *París, capital del siglo XIX*— en íntima asociación con elementos llegados desde una historia arcaica (*Urgeschichte*), «es decir, una sociedad sin clases» primitiva. Depositadas en el inconsciente colectivo, estas experiencias del pasado, «en relación recíproca con lo nuevo, dan nacimiento a la utopía».[3]

En su ensayo de 1935 sobre Johan Jacob Bachofen, antropólogo suizo del siglo XIX, conocido por sus investigaciones sobre el matriarcado, Benjamin desarrolla de manera más concreta esta referencia a la prehistoria. Si la obra de Bachofen fascinó tanto a los marxistas, principalmente a Friedrich Engels y a los anarquistas, entre los que está Élisée Reclus, se debe a su «evocación de una sociedad comunista en los albores de la historia», una sociedad sin clases, democrática e igualitaria, con formas de comunismo primitivo que significaban una verdadera «conmoción del concepto de autoridad».[4]

Las sociedades arcaicas también son aquellas de una mayor armonía entre los seres humanos y la naturaleza. En su libro inconcluso sobre los pasajes parisinos, *Libro de los pasajes* (*Passagenwerk*), se opone nuevamente, de la manera más enérgica, a las prácticas de «dominación» o de «explotación» de la naturaleza por parte de las sociedades modernas. Rinde homenaje una vez más a Bachofen por haber mostrado que la «concepción asesina (*mörderisch*) de la explotación de la naturaleza», concepción capitalista-moderna, predominante a partir del siglo XIX, no existía en las sociedades matriarcales del pasado, en las que la naturaleza era percibida como una madre generosa (*schenkende Mutter*).[5]

No se trata, para Benjamin —como tampoco, por lo demás, para Engels o Élisée Reclus—, de volver al pasado prehistórico, sino de proponer la perspectiva de una *nueva armonía* entre la sociedad y el medio ambiente natural. El pensador que, a sus ojos, encarna esta promesa de una reconciliación futura con la naturaleza es el socialista utópico Charles Fourier. Solo en una sociedad socialista, en la que la producción dejará de estar basada en la explotación del trabajo humano,

> el trabajo perderá su carácter de explotación de la naturaleza por el hombre. Seguirá entonces el modelo del juego infantil, que en Fourier está en la base del «trabajo apasionado» de los «armonianos». […] Un trabajo como este, efectuado en el espíritu del juego, no apunta a la producción de valores, sino a la mejora de la naturaleza. […] Una tierra cultivada de acuerdo con esta imagen […] sería un lugar en el que la acción es la hermana del sueño.[6]

En las *Tesis sobre la filosofía de la historia*, su testamento filosófico redactado en 1940, Benjamin vuelve una vez más a Fourier. Desea una forma de trabajo que, lejos de explotar la naturaleza, esté en condiciones de hacer que produzca creaciones virtuales que están adormecidas en su seno —ensoñaciones cuya expresión poética son sus «fantásticas imaginaciones», en realidad plenas de un «sorprendente buen sentido».

Esto no quiere decir que el autor de las *Tesis* quiera reemplazar el marxismo por el socialismo utópico: considera a Fourier como complemento de Marx. En la misma Tesis XI pone en evidencia la discordancia entre las observaciones de Marx sobre la naturaleza del trabajo y el conformismo del programa socialdemócrata de Gotha. En el programa de Gotha (que es una traducción del positivismo socialdemócrata), así como en los escritos del ideólogo Joseph Dietzgen, observa Benjamin, «el trabajo apunta a la explotación de la naturaleza, explotación que se opone con una ingenua satisfacción a la del proletariado». Se trata, de acuerdo con esta ideología, de un «abordaje de la naturaleza que rompe siniestramente con las utopías anteriores a 1848» —aquí, Benjamin hace una alusión evidente a Fourier—. Aún peor, por su culto del progreso técnico y su desprecio de la naturaleza —«ofrecida gratuitamente», de acuerdo con Dietzgen—, este discurso positivista «ya presenta los rasgos tecnocráticos que se volverán a encontrar más adelante en el fascismo».[7]

En las *Tesis* de 1940, Benjamin establece una correspondencia —en el sentido dado por Baudelaire a este término en su poema «Les correspondances»— entre teología y política: entre el paraíso perdido del que nos aleja la tormenta que se llama «progreso», y la sociedad sin clases en la aurora de la historia; entre el ser mesiánico del futuro y la nueva sociedad sin clases del socialismo. ¿Cómo interrumpir la catástrofe permanente, la acumulación de ruinas «hasta el cielo», que se deriva del «progreso» (Tesis IX)? Una vez más, la respuesta de Benjamin es a la vez religiosa y profana: es la tarea del Mesías, cuyo «correspondiente» profano no es otro que la Revolución. La interrupción mesiánico-revolucionaria del Progreso es la respuesta de Benjamin a las amenazas que hacen pesar sobre la humanidad la continuación de la tormenta maléfica y la inminencia de nuevas catástrofes. Estamos en 1940, dos años antes de que sea formulada la Solución final.

En las *Tesis sobre la filosofía de la historia*, Benjamin se refiere a menudo a Marx, pero, sobre un punto importante, toma una distancia crítica del autor de *El capital*: «Marx dijo que las revoluciones son la locomotora de la historia mundial. Tal vez las cosas se presenten de otra manera. Puede ocurrir que las revoluciones sean el acto por el cual la humanidad que viaja en el tren tira del freno de emergencia».[8] Implícitamente, la imagen sugiere que, si la humanidad permite que el tren siga su camino —ya marcado por la estructura de acero de los rieles— y si nada retiene su progresión, entonces nos precipitaremos directamente en el abismo.

No obstante, incluso Walter Benjamin, el más pesimista de los marxistas, no podía prever hasta qué punto el proceso de explotación y de dominación capitalista de la naturaleza estaba avanzado, ni que su copia burocrática en la Unión Soviética conduciría a consecuencias desastrosas para el conjunto de la humanidad.

Algunos comentarios sobre la actualidad político-ecológica de las reflexiones de Benjamin

En este comienzo del siglo XXI, el tren de la civilización capitalista no ha hecho más que acelerar su carrera hacia el abismo que se denomina catástrofe ecológica. Es importante considerar la dimensión de su aceleración vertiginosa. En realidad, la catástrofe ya comenzó, y estamos en una carrera contrarreloj para intentar contener y, luego, detener esta huida hacia delante.

La revolución es necesaria, escribía Benjamin, para frenar esta carrera. Ban Ki-moon, el secretario general de las Naciones Unidas, que no tiene nada de revolucionario, exponía el siguiente diagnóstico, en *Le Monde* del 5 de septiembre de 2009: «Nosotros —ese "nosotros" se refiere, sin duda, a los gobiernos del planeta—

tenemos el pie apoyado sobre el acelerador y nos precipitamos al abismo».

Walter Benjamin había elegido la metáfora de la «tormenta» para denominar el progreso destructivo que acumula catástrofes. La misma palabra sirve de título del último libro de James Hansen, climatólogo de la NASA: *Storms of my Grandchildren*. La verdad sobre la catástrofe climática que se acerca es nuestra última posibilidad para salvar a la humanidad.

¿Logrará la humanidad aplicar el freno revolucionario? Cada generación, escribe Benjamin en las *Tesis* de 1940, recibió una «débil fuerza mesiánica»: la nuestra también. Si no la empleamos antes de un momento casi calculable de la evolución económica y social, todo estará perdido, podríamos decir, para parafrasear la fórmula del «aviso de incendio» de Benjamin.

Tenemos poco que esperar de los gobiernos del planeta —con muy pocas excepciones—. La única esperanza hay que ubicarla en los movimientos sociales reales: entre estos últimos, uno de los más importantes hoy es el de las comunidades indígenas, principalmente en América Latina. Después del fracaso de la Conferencia de las Naciones Unidas sobre el clima en Copenhague, se produjo en 2010, en Cochabamba, Bolivia, la conferencia internacional de los Pueblos contra el cambio climático y en defensa de la Pachamama, la madre Tierra. Había sido convocada por el presidente Evo Morales, que se había solidarizado con las protestas callejeras en la capital danesa. Las resoluciones adoptadas en Cochabamba responden, casi palabra por palabra, al argumento de Benjamin en relación con el tratamiento criminal de la naturaleza por parte de la civilización occidental capitalista. Siguiendo el ejemplo de las comunidades tradicionales, todos debemos considerarla como una «madre generosa».

Walter Benjamin fue un profeta, es decir, no alguien que pretende prever el fututo —como el oráculo griego—, sino en el sentido del Antiguo Testamento: aquel que atrae la atención del pueblo sobre las amenazas futuras. Sus previsiones son condicionales: esto es lo que ocurrirá, a menos que…, excepto si… Ninguna fatalidad: el futuro permanece abierto. Como lo afirma la Tesis XVIII, cada segundo es la puerta estrecha por la que puede venir la salvación.

III

ASPECTOS ESENCIALES DE LA TEORÍA Y DE LA PRÁCTICA ECOSOCIALISTAS

Capítulo 5
Para una ética ecosocialista

El capital es una formidable máquina de cosificación. Desde la «Gran Transformación» de la que habla el historiador de la economía Karl Polanyi, es decir, desde que la economía capitalista de mercado se autonomizó; desde que, por decirlo así, se «desencastró» de la sociedad, funciona según sus propias leyes: las leyes impersonales de la ganancia y de la acumulación. Ella supone, destaca Polanyi, «lisa y llanamente, la transformación de la sustancia natural y humana de la sociedad en mercancías», gracias a un dispositivo, el mercado, «autorregulador», que tiende inevitablemente a «romper las relaciones humanas y […] a destruir el hábitat natural del hombre». Se trata de un sistema despiadado, que arroja a los individuos de las capas desfavorecidas «bajo las ruedas asesinas del progreso, esa carroza de Jagannatha».[1]

Max Weber ya había captado notablemente la lógica de cosificación del capital en su gran obra *Economía y sociedad*: «La cosificación (*Versachlichung*) de la economía basada en la socialización del mercado sigue absolutamente su propia legalidad objetiva (*sachlichen*). El universo cosificado (*versachlichte Kosmos*) del capitalismo no deja ningún lugar para una orientación caritativa…». Weber deduce de esto que la economía capitalista es estructuralmente incompatible con criterios éticos:

> Por contraste con cualquier otra forma de dominación, la dominación económica del capital, por el hecho de su «carácter impersonal», no podría ser éticamente reglamentada. […] La competencia,

el mercado, el mercado de trabajo, el mercado monetario, el mercado de los productos; en una palabra, consideraciones «objetivas», ni éticas ni antiéticas, sino simplemente no éticas [...] dirigen el comportamiento al punto decisivo e introducen instancias impersonales entre los seres humanos involucrados.[2]

Con su estilo neutro y no comprometido, Weber puso el dedo en lo esencial: el capital es intrínsecamente, por esencia, «no ético».

En la raíz de esta incompatibilidad se encuentra el fenómeno de la *cuantificación*. Inspirado por la *Rechnenhaftigkeit* —el espíritu de cálculo racional del que habla Max Weber—, el capital es una formidable máquina de cuantificación. Solo reconoce el cálculo de las pérdidas y de las ganancias, las cifras de la producción, la medida de los precios, de los costos y de las ganancias. Somete la economía, la sociedad y la vida humana a la dominación del valor de cambio de la mercancía, y de su expresión más abstracta, el dinero. Esos valores cuantitativos, que se miden en 10, 100, 1 000 o 1 000 000, no conocen ni lo justo ni lo injusto, ni el bien ni el mal: disuelven y destruyen los valores cualitativos y, en primer lugar, los valores éticos. Entre los dos hay «antipatía», en el sentido antiguo, alquímico del término: falta de afinidad entre dos sustancias.

Hoy, este reino total —en realidad, totalitario— del valor mercantil, del valor cuantitativo, del dinero, de las finanzas capitalistas, alcanzó un grado sin precedentes en la historia humana. No obstante, la lógica del sistema no es nueva. Ya había sido captada por un crítico lúcido del capitalismo, desde 1847:

> Finalmente llegó un tiempo en el que todo lo que los hombres habían mirado como inalienable se convirtió en objeto de intercambio, de tráfico, y podía alienarse. Es el tiempo en el que las cosas mismas que hasta ese entonces eran comunicadas, pero nunca intercambiadas; dadas, pero nunca vendidas; adquiridas, pero nunca compradas —virtud, amor, opinión, ciencia,

conciencia, etc.—; en que todo, finalmente, pasa al comercio. Es el tiempo de la corrupción general, de la venalidad universal o, para hablar en los términos de la economía política, el tiempo en el que cualquier cosa, moral o física, en la medida en que se convirtió en valor venal, es llevada al mercado para ser apreciada en su más justo valor.[3]

El autor de estas líneas no es otro que Karl Marx.

Las primeras reacciones a la mercantilización capitalista, no solo obreras, sino también campesinas y populares, tuvieron lugar en nombre de ciertos valores sociales, de necesidades sociales consideradas como más legítimas que la economía política del capital. Al estudiar estos movimientos de masas, los motines del hambre y las revueltas inglesas del siglo XVIII, el historiador Edward P. Thompson habla de confrontación entre la economía moral de la plebe y la economía capitalista de mercado, que encuentra entonces, en Adam Smith, a su primer gran teórico. Los motines del hambre, en los que las mujeres desempeñaron un papel decisivo, eran una forma de resistencia al mercado, en nombre de la antigua «economía moral» conforme a las normas comunitarias tradicionales, que tenían su razón de ser y que, a largo plazo, probablemente habrían salvado a las capas populares del hambre.[4]

El socialismo moderno es el heredero de esta protesta social, de esta «economía moral». Ya no espera fundar la producción sobre los criterios del mercado y del capital —la «demanda solvente», la rentabilidad, la ganancia, la acumulación—, sino sobre la satisfacción de las necesidades sociales, el «bien común», la justicia social. Se trata de valores cualitativos, irreductibles a la cuantificación mercantil y monetaria.

Al rechazar el productivismo, Marx insistía en dar la prioridad al ser de los individuos —la plena realización de sus potencialidades humanas—, y no al tener, a la posesión de bienes. Para él, la primera necesidad social, la más imperativa, la que abre las puertas del «reino de la libertad», es el tiempo libre, la reducción de la jornada de trabajo, el agotamiento de los individuos en el juego, la actividad ciudadana, la creación artística, el amor.

Entre estas necesidades sociales, hay una que toma una importancia cada vez más decisiva hoy —y que Marx no había tomado en consideración suficientemente, excepto en algunos pasajes aislados—: es la necesidad de salvaguardar el medio ambiente natural, la necesidad de un aire respirable, de agua potable, de un alimento sano, no infectado por venenos químicos o radiaciones nucleares. Una necesidad que se identifica, tendencialmente, con el imperativo mismo de supervivencia de la especie humana en el planeta, cuyo equilibrio ecológico está seriamente amenazado por las consecuencias catastróficas —efecto invernadero, destrucción de la capa de ozono, peligro nuclear— de la expansión al infinito del productivismo capitalista.

El socialismo y la ecología comparten valores sociales cualitativos, irreductibles al mercado. Comparten también una revuelta contra la «Gran Transformación», contra la autonomización cosificada de la economía en relación con las sociedades.[5] Esta convergencia de sensibilidad solo es posible si los marxistas someten a un análisis crítico su concepción tradicional de las «fuerzas productivas» —y si los ecologistas rompen con la ilusión de una «economía de mercado» limpia—. Esta doble operación es la obra de una corriente, el ecosocialismo, que realiza la síntesis entre las dos acciones.

¿Cuáles podrían ser los principales elementos de una ética ecosocialista, que se opone radicalmente a la lógica destructiva, y en el fondo «no ética», de la rentabilidad capitalista y del mercado total —ese sistema de la «venalidad destructiva»?

Formulo aquí algunas hipótesis, algunos puntos de partida.

En primer lugar se trata, me parece, de una *ética social*, no de una ética de los comportamientos individuales. No apunta a culpabilizar a las personas, ni a promover el ascetismo o la autolimitación.

Sin duda, es importante que los individuos sean educados en el respeto del medio ambiente y el rechazo del despilfarro, pero el verdadero desafío está en otro lugar: el cambio de las estructuras económicas y sociales capitalista-mercantiles, el establecimiento de un nuevo paradigma de producción y de distribución, basado en la toma en consideración de las necesidades sociales —principalmente la necesidad vital de vivir en un medio ambiente natural no degradado—: un cambio que exige actores sociales, movimientos sociales, organizaciones ecológicas y partidos políticos, y no solo los individuos de buena voluntad.

La crisis ecológica, al amenazar el equilibrio natural del medio ambiente, no solo pone en peligro la fauna y la flora, sino también y sobre todo la salud, las condiciones de vida, la propia supervivencia de nuestra especie. El combate para salvar el medio ambiente, que es necesariamente el combate por un cambio de civilización, es un imperativo humanista, que concierne no solo a tal o cual clase social, sino al conjunto de los individuos, y más allá de ellos, a las generaciones futuras.

También se trata de una *ética igualitaria*: el modo de producción y de consumo actual de los países capitalistas avanzados no puede ser generalizado de ninguna manera al conjunto del planeta. Si este sistema se conservara, sería al precio de un agravamiento de la desigualdad ya flagrante entre el Norte y el Sur. El proyecto ecosocialista apunta a una redistribución planetaria de la riqueza y a un desarrollo en común de los recursos, gracias a un nuevo paradigma productivo.

La exigencia ético-social de satisfacción de las necesidades sociales solo tiene sentido en un espíritu de justicia social, de igualdad —lo que no quiere decir homogeneización— y de *solidaridad*. Implica, en último análisis, la apropiación colectiva de los medios de producción y la distribución de los bienes y de los servicios «a cada uno según sus necesidades». No tiene nada en común con la pretendida «equidad» liberal, que pretende justificar las desigualdades sociales en la medida en que estarían «vinculadas a funciones abiertas a todos en condiciones de igualdad equitativa de posibilidades»,[6] de acuerdo con la definición de Rawls. Es el argumento clásico de los defensores de la «libre competencia» económica y social.

El ecosocialismo implica también una *ética democrática*: en tanto las decisiones económicas y las elecciones productivas permanezcan en manos de una oligarquía de capitalistas, banqueros y tecnócratas —o, en el desaparecido sistema de las economías estatizadas, de una burocracia que escapa a cualquier control democrático—, no se saldrá nunca del ciclo infernal del productivismo, de la explotación de los trabajadores y de la destrucción del medio ambiente. La democratización económica —que implica la socialización de las fuerzas productivas— significa que las grandes decisiones referidas a la producción y a la distribución no son tomadas por los «mercados» ni por un Politburó, sino por la sociedad misma, después de un debate democrático y pluralista, en el que se oponen proposiciones y opciones diferentes. Ella es la condición necesaria para la introducción de otra lógica socioeconómica, y de otra relación con la naturaleza.

El ecosocialismo es una *ética radical*, en el sentido etimológico de la palabra: una ética que se propone ir a la raíz del mal. Las medidas a medias, las semirreformas, las conferencias de Río, los mercados de derechos de contaminación son incapaces de aportar una solución. Es necesario un cambio de paradigma, un nuevo modelo de civilización; en suma, una transformación revolucionaria.

Esta revolución implica a las relaciones sociales de producción —la propiedad privada, la división del trabajo—, pero también a las fuerzas productivas. Contra cierta vulgata marxista —que se apoya sobre ciertos textos del fundador— que concibe el cambio únicamente como supresión —en el sentido de la *Aufhebung* hegeliana— de relaciones sociales capitalistas, «obstáculos para el libre desarrollo de las fuerzas productivas», es necesario poner en cuestión la propia estructura del proceso de producción.

Finalmente, el ecosocialismo es una ética *responsable*. En su célebre obra *El principio de responsabilidad* (1979), el filósofo alemán Hans Jonas puso en evidencia las amenazas que la destrucción del medio ambiente por parte de la tecnología moderna presentan para las generaciones futuras. Desde la publicación de su libro, la crisis ecológica se agravó infinitamente, y sabemos que vivimos, en lo sucesivo, en la inminencia de la catástrofe: esta se perfila en el horizonte de los próximos decenios, y tendrá proporciones imprevisibles. Ya no se trata solo de responsabilidad hacia las generaciones futuras, como pensaba Jonas, sino, realmente, hacia nuestra propia generación. Las perturbaciones climáticas derivadas del efecto invernadero —para no mencionar más que este ejemplo— ya se hacen sentir y corren el riesgo de, en un futuro próximo, tener consecuencias trágicas. El «principio de responsabilidad», para tener una significación ética verdadera, no se refiere únicamente a la «naturaleza» abstracta, sino también al medio ambiente natural de la vida humana: el antropocentrismo es aquí sinónimo de humanismo.

Hans Jonas opone su «principio de responsabilidad« al «principio esperanza» de Ernst Bloch[7] y a las ideas utópicas del socialismo. Es verdad que las utopías economicistas basadas en el «principio expansión» —un desarrollo ilimitado de la producción, un crecimiento infinito del consumo— son, desde este punto de vista, éticamente «irresponsables», porque resultan contradictorias con el equilibrio ecológico del planeta. Pero esto no se aplica al «principio esperanza» en sí, esa aspiración utópica milenaria a una sociedad libre e igualitaria, que Ernst Bloch describe tan bien en su libro.[8]

¿Cómo imaginar una solución verdadera, es decir, *radical*, para el problema de la crisis ecológica, sin cambiar completamente el modo actual de producción y de consumo, generador de desigualdades flagrantes y de estragos catastróficos? ¿Cómo impedir la degradación creciente del medio ambiente sin romper con una lógica económica que solo conoce la ley del mercado, de la ganancia y de la acumulación? ¿Es decir, sin un proyecto *utópico* de transformación social, que someta la producción a criterios extraeconómicos, democráticamente elegidos por la sociedad? ¿Y cómo imaginar un proyecto como ese sin integrar, como uno de sus principales ejes, una nueva actitud hacia la naturaleza? El principio de responsabilidad es incompatible con un conservadurismo timorato que se niegue a poner en cuestión el sistema económico y social existente, y que califique como irrealista cualquier búsqueda de una alternativa.

Al contrario de lo que parece querer sugerir Hans Jonas, no hay necesariamente contradicción entre el «principio esperanza», tal como lo formula Bloch, y el «principio de responsabilidad». Lejos de ser contradictorios, los dos principios están estrechamente ligados; son inseparables, mutuamente dependientes, dialécticamente complementarios. Sin el principio de responsabilidad, la utopía no puede ser sino destructiva, y sin el principio esperanza, la responsabilidad no es más que una ilusión conformista.

CAPÍTULO 6
Ecología y altermundialismo

La crisis ecológica planetaria alcanzó un giro decisivo con el fenómeno del cambio climático. Primera constatación: todo se acelera mucho más rápido de lo previsto. La acumulación de gas carbónico, el aumento de la temperatura, el derretimiento de los glaciares, las sequías, las inundaciones o los huracanes: todo se precipita. No bien se seca la tinta de los documentos, los balances de los científicos se revelan como demasiado optimistas. Ahora hay una tendencia, cada vez más, por el punto más alto en las estimaciones preventivas. A estas hay que agregar peligros aún poco estudiados, que podrían participar efectivamente en el vaivén: por ejemplo, los 400 000 millones de toneladas de CO_2 aprisionadas, por el momento, en el pergelisol (permafrost), esa tundra congelada que se extiende desde Canadá hasta Siberia. Si los glaciares comienzan a derretirse, ¿por qué no se derretiría también el pergelisol? Existen pocos escenarios peores, es decir, si la temperatura global se elevara más de 2 o 3 grados. Los científicos evitan presentar cuadros catastróficos, pero ya conocemos los riesgos: ascenso del nivel del mar, con inundaciones, no solo de Daca y de otras muchas ciudades de la costa asiática, sino también de… Londres y Nueva York; desertificación de las tierras, a una escala gigantesca; falta de agua potable; catástrofes «naturales» en serie. La lista se podría extender. A partir de cierto nivel de elevación de la temperatura —seis grados, por ejemplo—, ¿la Tierra aún sería habitable para el hombre? Lamentablemente, en este momento no disponemos de un planeta de recambio en el universo conocido por los astrónomos.

¿Quién es responsable de esta situación, inédita en la historia de la humanidad? Es el hombre, responden los científicos. La respuesta es justa, pero un poco corta: el hombre vive en la Tierra desde hace millones de años (alrededor de 6,2), la concentración de CO_2 en la atmósfera empezó a convertirse en un riesgo solo desde hace algunos decenios. En tanto marxistas, respondemos aquí: *la falta corresponde al sistema capitalista*, a su lógica absurda e irracional de expansión y de acumulación al infinito, a su productivismo obsesionado por la búsqueda de la ganancia.

¿Cuáles son, entonces, las proposiciones, las soluciones, las alternativas propuestas por los «responsables», las élites capitalistas dirigentes? Es poco decir afirmar que no están a la altura del desafío. ¿Qué decir de la reunión del G8 en junio de 2007, este encuentro solemne de los poderosos que concluyó con una declaración ambiciosa: sí, era necesario «tomar seriamente en consideración» la proposición de la reducción de emisiones de CO_2, aceptaron decir finalmente, con el acuerdo de George Bush, de la Unión Europea, de Japón y de Canadá — los grandes contaminadores del planeta—. ¿No es extraordinario? Además, Nicolás Sarkozy se congratuló estridentemente de haber convencido *in extremis* a George W. Bush de incluir el adverbio «seriamente» en la resolución...[1]

Otro ejemplo esclarecedor: el derretimiento de los glaciares árticos. ¡Ya no se prevé su completa disolución para alrededor de 2050, sino de 2020! Ahora bien, ¿qué hacen los gobiernos de la región, Estados Unidos, Rusia y Canadá? Pugnan, a fuerza de expediciones militares patrióticas, dibujando el trazado de las zonas de soberanía respectiva, con vistas a la futura explotación del petróleo que yace actualmente en el fondo del mar...

¿Y qué decir de los Acuerdos de Kioto, expresión de los gobiernos (burgueses) más «ilustrados» desde el punto de visto ecológico? Su dispositivo central, el «mercado de los derechos de emisión», se reveló como una operación tragicómica: las cuotas de emisión de carbono —unidad de cálculo de la contaminación—, distribuidas por «responsables», eran tan generosas que todos los países terminaron el año 2006, después de su instauración, con excedentes. Resultado: el precio de la tonelada de CO_2 se desmoronó. Era de 20 euros en 2006; es de menos de un euro actualmente... Mencionemos también el remedio milagroso, apadrinado durante un tiempo por George W. Bush y Luiz Inácio Lula: reemplazar el petróleo por los agrocarburantes. Etanol y aceites vegetales, antes que cereales para alimentar a los pueblos, podrían llenar los depósitos de los automóviles de los países ricos. De acuerdo con la FAO (Food and Agriculture Organisation) de las Naciones Unidas, los precios de los cereales ya aumentaron considerablemente a causa de la fuerte demanda de los agrocarburantes, lo que condenó al hambre a millones de personas de los países pobres, que, por lo demás, algunas veces se rebelaron. Sin hablar del hecho de que la producción de esos carburantes, que exige fertilizantes, pesticidas, etc., también contribuye a producir CO_2 tanto como las energías fósiles.

No puede haber soluciones compatibles con el reino del capital. La solución es proyectar e instaurar el ecosocialismo: una sociedad en la que la producción y el consumo sean democráticamente decididos por el conjunto de la población, de acuerdo con criterios sociales y ecológicos que escapan a la lógica del mercado y de la ganancia.

Sí, nos responderán, esta proposición es simpática pero, mientras tanto, ¿hay que permanecer con los brazos cruzados? ¡Sin duda que no! Hay que dar batalla por cada medida de reglamentación medioambiental, por cada acción de defensa del medio ambiente. Cada kilómetro de autovía bloqueado, cada medida a favor de los transportes colectivos es importante; no solo porque eso lentifica la carrera hacia el abismo, sino porque permite que los individuos se organicen, luchen y tomen conciencia de la apuesta de la lucha; que comprendan, por su experiencia colectiva, la quiebra del sistema capitalista y la necesidad de un cambio de civilización.

Es con ese espíritu que las fuerzas más activas de la ecología se comprometieron, desde el comienzo, con el movimiento altermundialista. El acto de nacimiento del altermundialismo, la gran manifestación popular que hizo fracasar la reunión de la OMC en Seattle en 1999, estuvo marcado por el sello de dos fuerzas, reunidas así por primera vez: *turtles and teamsters*, ecologistas vestidos como tortugas (especie en vías de desaparición) y sindicalistas del sector de transportes. La cuestión ecológica estaba entonces presente, desde el comienzo, en el corazón de las movilizaciones contra la globalización capitalista neoliberal. La consigna central del movimiento, «el mundo no es una mercancía», se entendía, en primer lugar, como: el aire, el agua, la tierra; en una palabra, el medio natural, cada vez más sometido al dominio del capital, no están en venta. En menos de dos años, una vasta nebulosa, especie de «movimiento de los movimientos», se había formado y se manifestaba durante el primer Foro Social, en 2001, en Porto Alegre; después en los foros, regionales o mundiales, y en las grandes manifestaciones de protesta —contra la OMC, el G8—. Esta amplia red descentralizada es múltiple, diversa y heterogénea, en tanto asocia sindicatos obreros y movimientos campesinos, ONGs y organizaciones indígenas, movimientos de mujeres y asociaciones ecológicas, intelectuales y jóvenes militantes. Lejos de ser una debilidad, esta pluralidad es una de las fuentes de la fuerza del movimiento.

Se puede afirmar que el altermundialismo incluye tres momentos: en primer lugar, la protesta radical contra el orden de cosas existente y sus siniestras instituciones: el FMI, el Banco Mundial, la OMC, el G8; en segundo lugar, un conjunto de medidas concretas, de proposiciones que pueden ser inmediatamente realizadas: instauración de la soberanía alimentaria, tasación de los capitales financieros, supresión de la deuda; en tercer lugar, la utopía de «otro mundo es posible», basado en valores comunes como la libertad, la democracia participativa, la justicia social, la defensa del medio ambiente.

La dimensión ecológica está presente en estos tres momentos: inspira tanto la revuelta contra un sistema que conduce a la humanidad a un trágico callejón sin salida, como la utopía de una sociedad que vive en armonía con los ecosistemas, esbozada por los documentos del movimiento. Esto no quiere decir que no haya contradicciones derivadas tanto de la resistencia de sectores del sindicalismo a las reivindicaciones ecológicas, percibidas como «una amenaza para el empleo», como de la naturaleza limitada y poco social de ciertas organizaciones ecológicas… Pero una de las características más positivas de los Foros sociales y del altermundialismo en su conjunto es la posibilidad del encuentro, del debate, del diálogo y del aprendizaje recíproco de diferentes tipos de movimientos.

Hay que agregar que la esfera de influencia ecológica está lejos de ser homogénea: es muy diversa, y abarca un espectro que va desde las ONGs moderadas, habituadas a las presiones del *lobbying*, a los movimientos combativos emplazados en un trabajo militante con las bases; desde la gestión «realista» del Estado (a nivel local o nacional) a las luchas que cuestionan la lógica del sistema; desde la corrección de los «excesos» de la economía de mercado a las iniciativas de orientación ecosocialista. Esta heterogeneidad caracteriza, además, a todo el movimiento altermundialista, aun cuando predomina una sensibilidad anticapitalista, sobre todo en América Latina. Esta es la razón por la cual el Foro Social Mundial, precioso lugar de encuentro —como tan bien lo explica nuestro amigo Chico Whitacker—, no puede convertirse en un movimiento sociopolítico estructurado, con una «línea» común, resoluciones adoptadas por la mayoría, etc.

Es importante destacar que la presencia de la ecología en el «movimiento de los movimientos» no se limita a las organizaciones ecológicas. Se vuelve cada vez más una dimensión tomada en cuenta, en la acción y en la reflexión, por los movimientos sociales, campesinos, indígenas, feministas, religiosos (teología de la liberación).

Un ejemplo impresionante de esta integración «orgánica» de las cuestiones ecológicas es el Movimiento de los Trabajadores Rurales Sin Tierra (MST) de Brasil, que, junto con sus camaradas de la red internacional Vía Campesina, es uno de los pilares del Foro Social Mundial. Hostil, desde su origen, al capitalismo y a su expresión rural, los agronegocios, el MST integró cada vez más la dimensión ecológica en su lucha por una reforma agraria radical y por otro modelo de agricultura. Durante la celebración del vigésimo aniversario del movimiento, en Río en 2005, el documento de los organizadores especificaba: nuestro sueño es «un mundo igualitario, que socialice sus riquezas materiales y culturales», un camino nuevo para la sociedad, «basado en la igualdad entre los seres humanos y los principios ecológicos». Esto se traduce en la acción —a menudo al margen de la «legalidad»— contra el poder de las multinacionales —principalmente Monsanto, Syngenta—, que buscan controlar totalmente las semillas y someter principalmente a los campesinos a su dominación, obligarlos a practicar una agricultura contraria a su ética: costosa en productos químicos, contamina los campos. Así, gracias a una ocupación «salvaje», el MST obtuvo en 2006 la expropiación de un campo de maíz y soja transgénicos de Syngenta Seeds en el Estado de Paraná, que se convirtió en el campamento campesino «Tierra libre». El MST no dudó en enfrentar a las multinacionales de pasta de papel que crean, sobre centenares de miles de hectáreas, los «desiertos verdes», bosques de eucaliptos (monocultivo) que desecan todas las fuentes de agua y destruyen toda la diversidad biológica. Estas luchas son inseparables, para los cuadros y los militantes del MST, de una perspectiva anticapitalista radical.

Las cooperativas agrícolas del MST practican una agricultura biológica preocupada por la biodiversidad y el medio ambiente en general, y constituyen, de esta manera, ejemplos concretos de la producción alternativa. En julio de 2007, el MST y sus compañeros del movimiento Vía Campesina organizaron en Curitiba (Estado de

Paraná) una Jornada de la agroecología en presencia de centenares de delegados, de ingenieros agrónomos, de universitarios y de teólogos de la liberación (Leonardo Boff y Frei Betto, brasileños).

La experiencia brasileña no es única. Muchos otros países saben de este tipo de movimientos, que tienen un amplio apoyo en las poblaciones. Las grandes apuestas ecológicas son planetarias al mismo tiempo que locales. El movimiento altermundialista es, sin duda, el fenómeno más importante de resistencia antisistémico en este comienzo del siglo XXI. Estas luchas constituyen una parte significativa del arsenal combativo del altermundialismo y de la nueva cultura cosmopolítica de la que es portador.

CAPÍTULO 7
Ecología y publicidad

¿Filosofía publicitaria?

La publifobia es un modo de ver las cosas, un arte de vivir, una protesta social y una revuelta del espíritu contra la infamia. Las notas[1] que siguen son algunos alfilerazos en la coraza del Tiranosaurio publicitario.

Gracias al Sr. Robert Redeker, la filosofía tuvo éxito en esta tarea que antes parecía imposible: legitimar la publicidad. Sin duda, el autor, desde el punto de vista publicado por *Le Monde* el 11 de abril de 2004,[2] reconoce algunos peligros para la actividad publicitaria: la «colonización comercial del imaginario», la voluntad de «evacuar de lo humano su complejidad» y de «vaciar su profundidad». Pero son aspectos secundarios: el balance de la publicidad es en verdad *globalmente positivo*. Por ejemplo, negar la publicidad equivale a «negar las ventajas de la mundialización»: en efecto, la publicidad «liberaliza y desterritorializa las sociedades y a los hombres mucho más que cualquier otra práctica». El «publicista» no da ejemplos, pero se podría formular este: gracias a la publicidad de Mc Donald's, las diferentes prácticas culinarias compartimentadas y territoriales son reemplazadas por una sola, planetaria —¿no es formidable?—. Los altermundialistas creen ingenuamente que su movimiento, sus foros sociales mundiales son una práctica que acerca a los hombres y a las mujeres más allá de las fronteras y de las culturas; ahora bien, la publicidad de Coca-Cola —o de cualquier otro producto planetario— es mucho más eficaz, dado que forma «una especie de argamasa universal, de pegamento por medio del cual los hombres se unen entre ellos». Coca-Cola «pegaría» a los humanos, ¿no es evidente? «Consumidores de Coca-Cola de todo el mundo, ¡uníos!» podría reemplazar muy ventajosamente la consigna de las manifestaciones de Seattle: «El mundo no es una mercancía».

Como tan bien lo señala el Sr. Redeker, los «antipublicidad» son, en el fondo, adversarios hipócritas del orden capitalista-liberal. Un mundo sin publicidad sería un mundo «sin circulación de las mercancías», sin «creatividad industrial»; en resumen, sería el fin del mundo (capitalista). Ahora bien, como efectivamente se sabe, cualquier enemigo del sistema capitalista-liberal no puede sino ser un partidario del «socialismo realmente existente», ese mundo en el que la publicidad había sido abolida a favor de la propaganda. ¿Margaret Thatcher no había cerrado definitivamente el pico a todos aquellos que no se satisfacían con el sistema? «*There is no alternative*», había lanzado. Si no se quiere el Gulag, hay que aceptar el capitalismo liberal, y todo lo que lo acompaña, principalmente la publicidad y sus ventajas.

Otro argumento importante, formulado por el mismo Robert Redeker: «Al suscitar el deseo, la publicidad humana nos vuelve, de la misma manera que la razón, más hombres». ¿Hombres?, ¿o individuos del género humano? Sin duda, la publicidad humaniza a las mujeres, al mostrarlas en diversas posiciones comercial y publicitariamente ventajosas: desnudas o vestidas, en cuatro patas en una pradera, a caballo sobre la lavadora, etc. Solo espíritus taciturnos, ni siquiera partidarios del velo islámico, podrían ver en estos bellos ejercicios del arte publicitario una degradación de la imagen de la mujer cosificada, o incluso una agresión sexista. La lucha de los militantes antipublicidad concerniría a una doble guerra: «contra las imágenes» —volviendo a alimentar los clichés de la vieja iconoclasia— y «contra los cuerpos»; su más ardiente deseo sería «cubrir nuestras ciudades, nuestros pasillos del tren subterráneo con un velo de monocromática tristeza». Hay militantes que argumentan que no tienen nada en contra de las imágenes, sino solo contra su manipulación comercial por parte de la publicidad; querrían que los pasillos del subterráneo estén cubiertos con pinturas, poemas y otras formas de expresión artística, como es el caso, por ejemplo, del tren subterráneo en la ciudad de México. Esto solo revela lo que Redeker denomina el conformismo «altanero» de algunos, que se niegan obstinadamente a reconocer la calidad estética e intelectual de la publicidad. De todos modos, como su proyecto es utópico, las dos únicas posibilidades son: la belleza publicitaria en nuestras calles y subterráneos o «el manto gris de tristeza de los países totalitarios».

Como última cuestión, Redeker observa que lo que motiva a los publífobos es el odio de la alegría: «la del cuerpo, la de las ciudades y la de las paredes del tren subterráneo». ¡Bien visto! Los adversarios de la publicidad son individuos obtusos, incapaces de captar la «alegría» de las interrupciones publicitarias de los filmes en la televisión; o la alegría de numerosos folletos multicolores de amplia distribución que se amontonan cada mañana en el buzón de correo; o la alegría de los magníficos afiches publicitarios de doce metros cuadrados que decoran los cruces de caminos a la entrada de nuestras ciudades, que enmascaran o parasitan la vista de nuestros monumentos. Sin duda es el odio del cuerpo lo que inspira su oposición a la publicidad de bebidas endulzadas y otros productos alimentarios que contribuyen a la obesidad de los niños y de los adultos. Hay que ser un partidario de las «formas más mórbidas del ascetismo» para no ver en la empresa publicitaria, tan animada y alegre, más que una insidiosa manipulación comercial de los espíritus, las conciencias y los deseos.

En resumen, es necesario ser uno de esos utopistas pasados de moda y arcaicos, discípulos del «mito primitivista del buen salvaje», que aún creen que otro mundo es posible, para poder imaginarse que un mundo sin agresión publicitaria es posible.

Pienso que, si las empresas publicitarias distribuyeran todos los años un premio a la filosofía pubicitaria, el Sr. Robert Redeker sin duda merecería esta distinción. No veo a nadie que pueda disputarle el primer lugar en una competición como esta.

El Leviatán publicitario

Finalmente, una buena noticia: hay una rama de actividad que sobrevive a todas las crisis. Ha adivinado: se trata de la publicidad. Nada la quebranta: el consumo decae, el empleo se vuelve escaso, pero los gastos publicitarios en Francia no dejan de subir. Desde 1996, no solo el gasto publicitario en los medios no tuvo bajas, sino que experimentó un desarrollo muy sostenido.[3]

> El importe de las inversiones publicitarias (medios) en el mundo es cercano a los 400 000 millones de dólares,[4] lo que representa, de todas maneras, el 1% del PIB mundial… —escribe Paul Soriano—. En Francia, el total de las inversiones publicitarias está estimado en un importe cercano a los 30 000 millones de euros, o sea, 10 000 millones para los medios y 20 000 millones para los extramedios.[5] (marketing directo).

¿Quién paga esta extraordinaria cuenta, muy superior a los presupuestos de algunos países europeos? ¿Quién es el multimillonario que subvenciona alegremente estas sumas astronómicas? La respuesta, lamentablemente, no presenta dudas: es usted, querido lector, soy yo, son los ciudadanos. En la medida en que los gastos publicitarios están todos *integralmente* cargados en los precios de las mercancías, somos nosotros quienes pagamos las cuentas pendientes…

En 1996, los gastos presupuestarios en Francia eran de 147 700 millones de francos (o sea, 22 500 millones de euros). En la medida en que aquel año la población francesa estaba compuesta de alrededor de 60 millones de almas, cada persona en Francia —hombre, mujer, adulto, niño o anciano— había pagado, en promedio, *dos mil quinientos francos* por el placer y el privilegio de consumir publicidad. Esto daba, para una familia compuesta por los padres y dos hijos, alrededor de *diez mil francos*: tanto como, si no más, que los impuestos del hogar. Desde hace quince años, el fenómeno no se encauzó; lejos de eso. En lo sucesivo se difunde por un nuevo canal, el de los hipermedios: Internet. Todo ocurre como si existiera, junto al Estado republicano —en teoría sometido al control democrático—, otro Estado, un «Estado en el Estado», un Leviatán, un Estado oligárquico que no es controlado por nadie: el *Estado publicitario*, que percibe impuestos indirectos sobre todos los consumidores. Se supone que el Estado republicano provee ciertos servicios fundamentales para los ciudadanos: el correo, la salud, los transportes públicos. ¿Qué servicios provee el Estado publicitario?

Se podría imaginar fácilmente todo lo que podría ser hecho *útilmente* con el presupuesto extravagante del Estado publicitario: guarderías infantiles, hospitales, escuelas, viviendas sociales. Un principio de solución al problema de la desocupación y de la exclusión...

¿Y qué hace el Estado publicitario, el «Leviatán-publicidad», con su presupuesto astronómico? Nos llena, nos inunda con su producción. Ocupa las calles, las paredes, las rutas, los paisajes, los aires y las montañas. Invade los buzones de correo, los dormitorios, los salones comedor. Puso bajo su dominio la prensa, el cine, la televisión, la radio. Contaminó el deporte, la canción, la política, las artes. Nos persigue, nos arremete, nos acosa, de la mañana a la noche, de lunes a domingo, de enero a diciembre, de la cuna a la tumba, sin pausa, sin descanso, sin vacaciones, sin detenciones, sin interrupción, sin tregua.

¿Con qué objetivo? ¿Para qué sirve toda esta actividad febril y omnipresente? ¿Cuál es ese proyecto faraónico que cuesta miles de millones de euros? ¿Cómo definir el inmenso objetivo perseguido con semejante tenacidad por las oligarquías del Estado publicitario?

Simplemente para convencernos de la superioridad intrínseca del jabón A sobre el jabón B, del detergente C sobre el detergente D, de la mostaza E sobre la mostaza F, del dentífrico G sobre el dentífrico H, del automóvil I sobre el automóvil J, de la sombra para ojos K sobre la sombra para ojos L, y así sucesivamente, *ad infinitum, ad nauseam.*

Negra ingratitud

Aquí hay una noticia interesante: el resultado de una encuesta del instituto alemán GFK acerca de la actitud de los europeos con respecto a la publicidad. Parecería que, para una mayoría aplastante de españoles (88,8%), de alemanes (83,6%) y de rusos (82,9%), *hay, simplemente, demasiada publicidad.* Este también sería, con una mínima diferencia (el diario no da cifras), el punto de vista de los franceses, austríacos, belgas, polacos, suizos y suecos —en resumen, de la mayoría de los europeos, con la notable excepción de los británicos—. Peor: muchos europeos piensan que la publicidad *no sirve para nada* y una aplastante mayoría de franceses (89%), de belgas (87,8%), de suecos, de austríacos y de españoles considera que *lleva a las personas a comprar productos que no necesitan.*

Se trata, de manera manifiesta, de un profundo error. Como todo el mundo sabe —o, en todo caso, debería saber—, la publicidad es un dispositivo esencial para el buen funcionamiento de nuestras economías de mercado. También es tan indispensable para nuestras sociedades de consumo como el aire que respiramos. Por lo demás, provee una información preciosa a los consumidores y les permite orientar, con conocimiento de causa, sus compras. Sin la ayuda amablemente ofrecida por la publicidad, ¿cómo podrían las personas elegir entre la infinidad de mercancías que las rodean? ¿Cómo sabrían, por ejemplo, qué marca de dentífrico protege *efectivamente* contra las caries dentales? Sin la publicidad, el hombre simplemente estaría condenado a la perplejidad, desorientado. ¿Por qué, entonces, esta sorprendente, esta negra ingratitud de los europeos?

Otro sondeo nos informa que el 83% de los franceses juzga «molestos» los cortes publicitarios durante los filmes o las otras emisiones. Estos ingratos hacen como si ignoraran que, solo gracias al generoso mecenazgo publicitario, la totalidad de las cadenas privadas puede funcionar.

¿Cómo explicar tanta ingratitud, tanta mala voluntad, tanta ignorancia con respecto a las innegables ventajas de la publicidad? ¿Por qué esta desconfianza, esta sorda hostilidad, este rechazo categórico de una actividad tan útil para el buen funcionamiento de cualquier sociedad moderna? Misterios insondables de la opinión pública...

Estas cifras son muy inquietantes. Por el momento, esta mayoría antipublicitaria aplastante —alrededor del 80% de la población— permanece pasiva y no organizada. A lo sumo, pega un autoadhesivo «stop la publicidad» en su buzón de correo. No hace nada, no toma ninguna iniciativa, no participa de ninguna actividad concerniente a esta cuestión. Pero ¿qué pasaría si una parte de esta mayoría, incluso pequeña, decidiera apoyar las actividades de los grupos publífobos conocidos por su hosquedad sistemática y obsesiva contra toda empresa publicitaria?

La acumulación de esta masa negra de ingratitud en el patio de atrás de nuestras sociedades es peligrosa. Es una masa inflamable. ¡La única esperanza es explicar de manera paciente a las personas que se engañan, que deben a la publicidad mucho de lo que hace a la belleza moderna de nuestras ciudades y de nuestras autopistas, y a la vitalidad efervescente de nuestros programas audiovisuales!

¿Por qué no máscaras publicitarias?

«Los publicistas buscan ocupar nuevos espacios». Solo hacen eso. Por ejemplo, se preparan para pegar eslóganes comerciales sobre un cohete espacial ruso, y para cubrir con una «película adhesiva impresa numéricamente» la fachada del hotel George V. O bien, para embalar el Puente de los Suspiros, en Venecia, con la imagen de la última campaña de un grupo de lujo.

Todo esto es muy lindo, y sin duda contribuirá al embelleci-miento comercial de las ciudades, pero uno tiene la impresión de que a los señores publicistas les falta imaginación: ¿por qué ir a buscar espacios lejanos cuando hay millones de metros cuadrados sin explo-rar muy cerca de la propia casa? Quiero hablar del inmenso espacio publicitario inutilizado −desde el punto de vista publicitario− que representa el *rostro humano*. ¿Imaginan qué maravilla sería si los ros-tros de millones de seres humanos −hombres y mujeres, jóvenes y viejos (o incluso niños, ¿por qué no?)−, en lugar de permanecer, como ahora, *publicitariamente vacíos y comercialmente inexpresivos*, estuvieran cubiertos por eslóganes y ofertas promocionales?

No hay necesidad, para esto, de inmensas y costosas «películas adhesivas numéricamente impresas». Bastarían simples máscaras, *máscaras publicitarias*, en las que cada centímetro cuadrado estaría alquilado a una o a varias marcas deseosas de informar al público acerca de sus últimos productos. Estas máscaras cubrirían toda la superficie del rostro −excepto, por supuesto, cuatro aberturas: dos para los ojos, una a la altura de la nariz para la respiración y una última para la boca−. Los portadores de la máscara publicitaria serían generosamente retribuidos y tendrían como única obligación llevar su cartel publicitario facial a lo largo del día. A la noche, a la hora de acostarse podrían, esto es obvio, sacárselo.

Un contrato según las reglas sería firmado entre la empresa publicitaria y cada individuo portador de una máscara, en el que se precisarían los derechos y los deberes de este último. Las empre-sas tendrían a su disposición un cuerpo de inspectores encargados de verificar si las máscaras son bien llevadas durante las dieciséis horas del día; en caso de incumplimiento del contrato, impondrían multas a los individuos que desnudaran su rostro.

En un primer momento, es probable que solo los desocupados, o los necesitados, aceptarían llevar estas máscaras, pero, poco a poco, por efecto de la moda, uno puede empezar a imaginar que toda una parte de la población sería seducida por la elegancia de este procedimiento y por la oportunidad de ganar fácilmente algo de dinero. Además, esto permitiría a cada uno ocultar, detrás de espléndidas imágenes y eslóganes publicitarios, sus arrugas, sus verrugas, sus manchas. Los rostros ya no serán objeto de preocupación, de angustia, de tristeza, sino que estarán siempre frescos y alegres, y anunciarán siempre buenas noticias: el último tipo de dentífrico, el último modelo de automóvil, etc.

Y, sobre todo, gracias a este método simple y provechoso, las empresas publicitarias pondrían fin a una situación absurda, a un derroche insensato: una superficie inmensa, la de millones y millones de rostros, sin emplear, desierta, vacía —en una palabra, *inútil*.

Antes que correr detrás de un cohete ruso, ¿no es comercialmente más eficaz y económicamente más rentable enmascarar publicitariamente este enorme espacio facial? Les queda la palabra a los señores profesionales de la «comunicación».

Si el capitalismo —principalmente en su forma actual, neoliberal y globalizada— tiende a la imposición del *merchandising* en el mundo, a la transformación de todo lo que existe —la tierra, el aire, las especies vivientes, el cuerpo humano, las relaciones sociales entre los individuos, el amor, la religión— en mercancías, la publicidad apunta a vender esas mercancías, sometiendo las necesidades de los individuos a las necesidades mercantiles del capital. Los dos sistemas participan del fetichismo de la mercancía, de la cuantificación monetaria de todos los valores, de la lógica de acumulación al infinito de bienes y capitales. La lógica del sistema publicitario y la del sistema capitalista están íntimamente vinculadas y son ambas *intrínsecamente perversas*.

La publicidad no solo contamina los paisajes urbanos y rurales, sino también las mentalidades; no solo llena los buzones de correo, sino también los cráneos de los individuos.

La publicidad es el instrumento del capital para agotar sus productos, para vender sus baratijas, para volver rentables sus inversiones, para ampliar sus márgenes de ganancia, para ganar «partes de mercado». La publicidad no existe en el vacío: es un engranaje indispensable para el funcionamiento del sistema capitalista de producción y de consumo (siempre crecientes). Sin el capitalismo, la publicidad no tendría ninguna razón de ser: no podría subsistir un solo instante en una sociedad poscapitalista. E inversamente: un capitalismo sin publicidad sería como una máquina sin aceite en sus engranajes.

Dicho entre paréntesis: la publicidad no existía en los países con economía burocráticamente planificada —desaparecidos después de la caída del muro del Berlín en 1989—, pero había sido reemplazada por una propaganda política engañosa, no menos opresiva e inhumana. No es una casualidad si el mayor adversario intelectual del totalitarismo soviético, el escritor inglés George Orwell, también había sido un adversario inflexible de la publicidad capitalista.

Recordemos que son las empresas capitalistas las que solicitan, financian y se benefician con las campañas publicitarias, y que «esponsorizan» —es decir, contaminan— por medio de la publicidad. La publicidad desempeña el rol de gancho, de intermediario, de servidor celoso de los intereses del capital: nuestro objetivo, explicaba el director de TF1, es vender a Coca-Cola tiempo de cerebro disponible de los espectadores. Capitalismo y publicidad son inseparable e indisociablemente los responsables y los promotores activos de la mercantilización del mundo, de la comercialización de las relaciones sociales, de la monetarización de los espíritus.[6]

¿Cuál es, entonces, el impacto de la publicidad en el medio ambiente? La Alianza por el planeta se preocupa, con razón, por el empleo engañoso de argumentos «ecológicos» por parte de la publicidad, que tiene la fastidiosa tendencia a pintar todo de verde, dado que está de moda [traducción tendenciosa de: las personas se preocupan por cuestiones relativas al medio ambiente]: ¡centrales nucleares, OGM, automóviles y, por qué no, mañana, el transporte por carretera! Para los adversarios de la publicidad, no es precisamente una novedad: sabemos, desde hace mucho tiempo, que la publicidad miente tanto como respira. No se debe a un déficit moral de sus actores, sino al carácter *intrínsecamente perverso* del sistema publicitario. La mistificación, la manipulación de las conciencias son, lamentablemente, su única razón de ser: una publicidad no mentirosa es un animal tan difícil de encontrar como un cocodrilo vegetariano. En cuanto al BVP (*Bureau de vérification de la publicité* [Buró de verificación de la publicidad]), compuesto únicamente por representantes de la corporación publicitaria, su credibilidad y su eficacia son casi equivalentes a lo que sería un BVP (Bureau de vérification de poulailles [Buró de verificación de aves]) compuesto únicamente por dignos representantes de la cofradía de los zorros.

No obstante, la publicidad pseudoverde no es más que la punta visible del iceberg. Por razones más fundamentales y estructurales, la máquina publicitaria es un peligroso enemigo del medio ambiente. Aquí hay dos, entre otras:

En primer lugar, la publicidad es un formidable, inmenso despilfarro de los recursos (materiales y financieros) del planeta. ¿Cuántas hectáreas de bosque son derribadas cada año para imprimir la masa creciente de folletos publicitarios y de afiches? ¿Cuántos centenares de miles o de millones de kW se gastan anualmente para alimentar los neones que «embellecen» nuestras ciudades, desde Shangai a Nueva York, pasando por París? ¿Cuántas toneladas de residuos se producen por esta actividad? ¿Cuántos millones de toneladas de gas con efecto invernadero se emiten para proveer energía al circo publicitario? Y así sucesivamente. Los daños son difíciles de calcular, pero son, sin duda, gigantescos. ¿Y para qué sirve este enorme despilfarro? ¿Para convencer al público de que el detergente X lava más blanco que el detergente Y? ¿Es esto razonable? Ciertamente no, pero es… rentable (para los publicistas).

Si se debe nombrar una rama de la producción que es inútil, que fácilmente se podría suprimir sin perjudicar a la población y que nos haría economizar mucha energía y materias primas, ¿qué mejor ejemplo que la industria publicitaria? Sin duda, esto provocaría que muchas personas fueran «despedidas», pero, antes que condenarlas a la desocupación, se las podría emplear de manera útil en nuevas actividades «verdes».

En segundo lugar, todos los ecologistas están de acuerdo en denunciar el «consumismo» de los países occidentales —es decir, capitalistas avanzados— como una de las principales causas del desastre ecológico que nos amenaza. Queda por saber cómo modificar este estado de cosas: ¿con la culpabilización de los compradores (nicho que, por lo demás, la publicidad sitia activamente? ¿Con discursos sobre las virtudes de la frugalidad? ¿Con el ejemplo personal de una austeridad voluntaria? Estas prácticas son legítimas, pero su eficacia en relación con el gran público sigue siendo limitada y corre el riesgo, incluso, en algunos casos, de obstaculizar su adhesión a las demandas ecológicas.

El cambio de los hábitos de consumo no se hará en un día: es un proceso social que llevará años. No se lo puede imponer desde arriba, ni dejarlo solo a la «buena voluntad» virtuosa de los individuos. Implica una verdadera batalla política, en la que las iniciativas pedagógicas de los poderes públicos tienen un rol que desempeñar. Pero el vector principal del cambio serán las actividades de educación y de lucha de las asociaciones de consumidores, de los sindicatos, de los movimientos ecológicos y, por qué no, de los partidos políticos. Uno de los aspectos decisivos de esta batalla es el combate por la supresión completa y definitiva del imperialismo publicitario, esa gigantesca empresa de colonización de los espíritus y los comportamientos, cuya terrible eficacia no se puede desestimar.

Como vimos, la publicidad es uno de los principales responsables de la obsesión consumista de las sociedades modernas, de la tendencia cada vez más irracional a la acumulación de bienes (la mayoría de las veces inútiles); en suma, de un paradigma de consumo perfectamente *no sustentable*. El consumo compulsivo es uno de los motores esenciales del proceso de expansión y de «crecimiento» al infinito que caracteriza, desde siempre, al capitalismo moderno y que nos conduce actualmente, a una velocidad creciente, hacia el abismo del calentamiento global. No es una casualidad, entonces, que los editores de la muy creativa revista «publífoba», *Casseurs de pub* [Rompedores de publicidad], impulsen hoy el periódico ecológico *Objecteurs de croissance* [Objetores de crecimiento]: acoso publicitario y crecimiento ilimitado son las dos dimensiones inseparables del sistema, dos mamas de las que se nutre la acumulación del capital.

De esto se deriva que la transformación del paradigma de consumo actual está estrechamente ligada a la lucha contra el pulpo publicitario. ¿Cómo convencer a las personas de cambiar sus hábitos de consumo si no se puede poner un freno al bombardeo que los incita, los estimula, noche y día, a comprar más y más? ¿Cómo liberar a los individuos de la cultura del consumo ostentoso si no es liberándolos de la publicidad? ¿Cómo poner fin a la tiranía de las «marcas», a la obsesión neurótica de los logos, sin romper la impresionante «máquina de descerebrar» del Padre Ubú publicitario?

Las prácticas consumistas compulsivas de las sociedades capitalistas avanzadas no traducen una tendencia innata de los individuos a consumir siempre más: no se encuentra nada comparable en las comunidades o sociedades precapitalistas; son propias de la modernidad capitalista e inseparables de la ideología fetichista dominante. El culto de la mercancía es uno de los pilares del capitalismo. El sistema publicitario fabrica el deseo de adquirir tal o cual producto; también produce toda una cultura, una visión del mundo, *habitus* y comportamientos; en suma, todo un modo de vida.

Antes que querer imponer a los individuos «reducir su tren de vida» o «disminuir su consumo» —un abordaje abstracto y puramente cuantitativo—, es necesario crear las condiciones para que puedan, poco a poco, descubrir sus verdaderas necesidades y cambiar cualitativamente su modo de ser y, en consecuencia, de consumo. La supresión del acoso publicitario es una condición necesaria.

Sin duda, no es siempre suficiente. Por ejemplo, tomemos la mercancía faro del capitalismo denominado fordista, el automóvil individual, cuya nocividad, desde el punto de vista del medio ambiente en general, no tiene que ser demostrada. La reducción progresiva de su lugar en las ciudades —democráticamente decidida por el público— solo puede triunfar si, paralelamente a la abolición de la insistente y engañosa publicidad automotriz, se favorecen, en la distribución del espacio urbano, los medios de transportes alternativos: transportes públicos, bicicletas, peatones.

Cualquier iniciativa que apunte a poner límites a la agresión publicitaria —al tiempo que se espera poder, un día, prescindir de esta por completo— es un deber ecológico, un imperativo moral y político para todos aquellos que quieran salvar de la destrucción nuestro medio ambiente natural. La lucha por otro paradigma de civilización se realiza precisamente a través de iniciativas de ese género. Desde ahora se lucha por poner frenos a la locura publicitaria, de la misma manera que los adversarios del capitalismo se movilizan por medidas (contra la financiarización de la economía) que frenen la avidez ilimitada del capital. Cada victoria, incluso ilimitada, obtenida por la acción colectiva, es un paso hacia la buena dirección y, sobre todo, una avanzada en la toma de conciencia y la autoorganización de los individuos —principal condición para un cambio global del sistema.[7]

IV

ESTUDIOS DE CASO: ESTADOS UNIDOS Y BRASIL

CAPÍTULO 8

Una ecología de izquierda en los Estados Unidos

El fracaso de las negociaciones de Copenhague era previsible. Confirma la incapacidad de los representantes del sistema capitalista de responder al desafío ecológico del calentamiento global. Sin embargo, urge que la humanidad y sus dirigentes empuñen el freno de urgencia del tren.

Mientras que las corrientes dominantes de la ecología, desde Al Gore a Daniel Cohn Bendit, no superan los límites del social-liberalismo, en los Estados Unidos aparecen manifestaciones disidentes de una ecología mucho más radical. El libro de Joel Kovel, *The Enemy of Nature*, es una de las expresiones más interesantes de esta radicalidad.

Desde hace decenios existe una tradición ecológica de izquierda en los Estados Unidos, cuyos precursores son Rachel Carson —autora de un libro publicado en 1962, *Silent Spring*, que fue un verdadero hito en la toma de conciencia ecológica— y Barry Commoner. Una de sus expresiones activas es la corriente de la «*ecología social*», que se inspira en los trabajos del ecoanarquista Murray Bookchin. También existe un ala izquierda de la *deep ecology* que se refiere a la ecofilosofía del pensador noruego Arne Naess.

Una corriente ecológica «*marxista*» también está presente. Encuentra su centro de gravedad en dos revistas importantes de la izquierda norteamericana: *Capitalism, Nature and Socialism*, fundada por Jim O'Connor en los años 1970, y *Monthly Review*, fundada por Paul Sweezy y Harry Magdoff poco después de la Segunda Guerra Mundial. Los redactores actuales de estas dos publicaciones, Joel Kovel y

John Bellamy Foster respectivamente, están entre los representantes más significativos de este movimiento ecológico con ambición revolucionaria. Sus actitudes son muy diferentes, sus referencias no son las mismas, pero llegan a conclusiones muy cercanas: no habrá solución a la crisis ecológica en los marcos del orden capitalista establecido.

Joel Kovel es el redactor jefe de la principal revista ecológica de izquierda de los Estados Unidos. *Capitalism, Nature and Socialism* es mucho más que eso: es una red de militantes e investigadores, con comités locales en las principales ciudades del país, e incluso en Canadá y en Reino Unido. Su fundador, James O'Connor, uno de los primeros ecomarxistas norteamericanos, había formulado la célebre tesis de una «segunda contradicción» del capitalismo: además de aquella entre las fuerzas productivas y las relaciones de producción de la que hablaba Marx, la contradicción entre las fuerzas productivas y las condiciones de producción, que incluyen el medio ambiente natural. Joel Kovel rinde homenaje a O'Connor en su libro e invoca sus ideas para afirmar que la lucha por la integridad de la naturaleza y por la de la humanidad son inseparables. Pero, bajo su dirección, la revista se volvió mucho menos centrada en cuestiones económicas para abrirse a una diversidad temática mucho más grande. Entre sus colaboradores se encuentran otros ecosocialistas norteamericanos conocidos, como David Schwartzman, Paul Buhle, Victor Wallis, pero también figuras importantes del ecofeminismo —Ariel Salleh, Terisa Turner, Karen Charman— y de la izquierda ecologista internacional: Patrick Bond (Sudáfrica), Joan Martínez-Alier (España), David Barkin (México) y otros.

Kovel fue miembro del ala izquierda del Partido Verde norteamericano y se presentó en el año 2000, durante el congreso de ese partido, como el rival socialista de Ralph Nader, al que reprochaba permanecer encerrado en la tradición populista norteamericana: un populismo que critica la voracidad de las grandes empresas (*corporate greed*), pero sin poner en cuestión el capitalismo. Kovel también es uno de los autores del *Manifeste écosocialiste* (2001), uno de los fundadores de la Red Ecosocialista Internacional[1] y uno de los autores de la Declaración de Belén sobre el cambio climático, distribuida por esa red en el curso del Foro Social Mundial de Belén (Brasil) en enero de 2009.

Su libro *The Enemy of Nature* no es un «ladrillo» académico, ni un enésimo discurso consensuado sobre la necesidad de un «desarrollo sustentable». Es un ensayo valiente, polémico y crítico, sólidamente argumentado, perfectamente a contracorriente de la doxa dominante y, en consecuencia, como lo preveía el autor, excluido de la sociedad intelectual convencional (*polite intelectual society*).

Su punto de partida es un diagnóstico de la crisis ecológica, sin concesiones al optimismo ambiente: corremos al encuentro de una ecocatástrofe, cuya manifestación más notoria es el calentamiento global. Es probable que conozcamos un rápido deterioro en un futuro cercano: si se agregan las consecuencias combinadas de la liberación del metano por el derretimiento del permafrost y de la reducción del efecto albedo, se corre el riesgo de asistir a un proceso de calentamiento global galopante (*runaway global warming*). Estamos en un estadío de la historia humana que se caracteriza por un conjunto imprevisible pero expansivo de derrumbamientos ecosistémicos.

¿Quién es responsable de esta crisis? ¿Es el «ser humano» en general? ¿O la industrialización, la tecnología, la ciencia? Uno de los grandes méritos del libro de Kovel es rechazar explicaciones cómodas, designando, de manera clara y precisa, al verdadero culpable: **el sistema capitalista**. Un sistema fundado sobre el predominio del valor de cambio por sobre el valor de uso, de lo cuantitativo sobre lo cualitativo y que solo puede subsistir bajo la forma de un proceso expansivo incesante y autorreproductor (*self-perpetuating*) de acumulación del capital. Un sistema en el que todo, incluso uno mismo, se convierte en mercancía, y que impone a todos un conjunto potente y uniforme de obligaciones: la rentabilidad a corto plazo, la competitividad, el crecimiento a cualquier precio, la expansión, el consumo.

Un sistema que solo puede producir contaminación, despilfarro y la destrucción de los ecosistemas y que, controlado por las potencias industriales avanzadas, efectivamente querría exportar los perjuicios hacia los países del Sur.

El capitalismo, que no solo es un sistema económico, sino un modo de ser *(way of being)*, domina el planeta entero —gracias a la globalización— a un grado sin precedentes. No es la mala voluntad de tal o cual, sino el sistema en su conjunto, con su persecución obsesiva del crecimiento, lo que produce estragos irreparables en los ecosistemas.

Entonces, no es tampoco la «tecnología» —como lo pretenden Heidegger y sus numerosos discípulos— la que es responsable de la crisis. Sin duda, el capitalismo fetichiza la tecnología y pretende aportar a todos los problemas, incluidos los ecológicos, una solución gracias a un «truco» técnico. Pero la tecnología actual, que contribuye de manera notable a la ruina del medio ambiente, no existe en sí misma: es el producto y la expresión del capital, es un instrumento de la acumulación capitalista. Como cualquier tecnología, no es un conjunto de herramientas, sino una estructura de relaciones sociales.

El sistema capitalista no puede enfrentar la crisis ecológica, porque su ser esencial, su imperativo categórico, «crecer o morir», es precisamente la razón de ser de esta crisis. De allí el fracaso lamentable de los intentos más «avanzados» de las potencias capitalistas para afrontar el desafío del calentamiento global, como los Acuerdos de Kioto, con su «mercado de derechos de emisión» y otros «mecanismos de desarrollo limpio», que solo sirven para perpetuar el derecho de los países industriales para continuar con sus emisiones. El nivel de reducción de las emisiones de gas con efecto invernadero que sería necesario para evitar el cambio climático incontrolado —90% en los próximos decenios para los países industrializados— no es compatible con la lógica del capitalismo industrial.

Conclusión del autor: o bien el capital, o bien nuestro futuro como especie… Si se quiere evitar una crisis ecológica sin precedentes en la historia humana, es necesario pensar la alternativa más allá del capitalismo, un camino hacia una sociedad ecológicamente racional fundada en la noción de *bien común* (*commons*).

Desgraciadamente, la mayoría de las corrientes «realmente existentes» de la ecología se niegan a tomar en cuenta la ecodestructividad del capital. Es el caso, por ejemplo, del Al Gore, cuyo filme *An Inconvenient Truth*, de 2006, tuvo la gran virtud de desatar la alarma en relación con el tema del calentamiento global, pero para el que la cuestión del capitalismo ni siquiera se plantea: las soluciones solo podrían ser técnicas, en el marco del orden económico establecido. El exvicepresidente de los Estados Unidos —que no brilló, durante su gestión, por la toma de medidas ecológicas audaces— también invoca, como muchos otros «verdes», al voluntarismo individual: «Las cosas que usted puede hacer para salvar el planeta» —reemplazar las bombitas eléctricas, reducir la calefacción y otros.— son los recursos. Es un método sin riesgo para sentirse virtuoso. En este caso se trata, como con los «economistas verdes» que proponen medidas de «regulación», de una ecopolítica *sin lucha*. Las iniciativas individuales o locales son legítimas, pero limitadas: son tan incapaces de superar la crisis ecológica como la distribución de monedas en el tren subterráneo para poner fin a la miseria.

La misma crisis vale para las teorías económicas comunitarias, influidas por el pensamiento del economista británico Ernst Friedrich Schumacher: «*Small is beautiful*». Una ecología económica puramente comunitaria, o «biorregional», estrictamente local, es una ilusión. El capitalismo puede tolerar experiencias locales, cooperativas y otros, a condición de que estas no pongan trabas a la expansión del capital.

Más interesantes son, de acuerdo con el autor: a) la ecología profunda, que tiene el mérito de proponer una especie de «revolución copernicana», que destrona al Hombre de su lugar de amo y poseedor de la naturaleza. El problema es su tendencia antihumanista —que conduce a algunos serios derrapes—: ¡valorizar el sida, que sería una «venganza de Gaia!», ejemplo puro de posición extrema. Salvo excepciones (Arne Naess), *la deep ecology* se niega a cualquier perspectiva socialista; b) la ecología social, sistematizada por el anarcoecologista Murray Bookchin, cuyo «municipalismo libertario» tiene la falla de ver en la *jerarquía* —y no en el capital— al responsable de la crisis ecológica; c) el ecofeminismo, cuya contribución es capital, por la puesta en evidencia del origen común de la dominación sobre las mujeres —rechazadas por el patriarcado del lado de lo instintivo, de lo «salvaje» y de lo «natural»— y la de la naturaleza; pero es una corriente heterogénea, dividida entre una sensibilidad ecofeminista anticapitalista y otra, que tiende a esencializar el «eterno femenino» y su proximidad con la naturaleza.

La alternativa que reivindica Kovel, entonces, es el movimiento *ecosocialista*, respecto del cual es uno de sus principales teóricos. El ecosocialismo es un proyecto fundado sobre el predominio del valor de uso —es decir, la dimensión cualitativa de sus productos, su utilidad humana, su belleza, sus aspectos sensibles, concretos o espirituales—, sobre la propiedad común de los medios de producción, sobre la libre asociación de los trabajadores (célebre fórmula de Marx) y sobre un modo de vida *ecocéntrico*. Lo que nombra con este término no es la centralidad de un «medio ambiente» exterior a los humanos, sino ecosistemas integrados, que incluyen una sociedad humana solidaria en sus vínculos de reciprocidad con la naturaleza. Invoca a Marx, al tiempo que critica sus límites, y cuestiona la ausencia de sensibilidad ecológica de la tradición socialista, dejando a un lado algunas excepciones (Rosa Luxemburg, Williams Morris, a los que yo agregaría a Walter Benjamin).

Este proyecto ecosocialista visionario no es contradictorio, sino todo lo contrario, con el desarrollo de luchas inmediatas por objetivos concretos tales como: detención de la construcción de autovías y desarrollo de la red ferroviaria; obligación del Estado de subvencionar a los trabajadores que pierden su empleo a causa de la crisis de las industrias vinculadas con la energía fósil; lucha de las comunidades indígenas de América Latina y de Alaska contra los proyectos de las multinacionales petroleras. Cada una de estas medidas es insuficiente, pero, en el conjunto, lentifican la acumulación de gas con efecto invernadero y crean condiciones para medidas más radicales, como la expropiación de los que contaminan.

De acuerdo con Kovel, la política ecosocialista es «prefigurativa», es decir, está arraigada en la práctica de comunidades ecocéntricas en resistencia contra el capital, capaces de inspirarse de las tradiciones comunitarias del pasado, como las bases indígenas del Ejército Zapatista de Liberación Nacional (EZLN) en Chiapas. Esta proposición es interesante, pero uno puede preguntarse si es generalizable. Kovel no parece tener una idea precisa de la estrategia del cambio social: es una de las debilidades de su libro. Parece dudar entre dos opciones: a) «un archipiélago de zonas ecosocialistas liberadas [… de donde se propagaría el ecosocialismo] según diferentes ejes hasta que el planeta sea ecosocialista»; b) una lucha social, en la que millones de personas bajarían a las calles, hasta un cambio de poder político y la «expropiación de los expropiadores». ¿Qué opción habría que elegir? A menos que se trate de una combinación innovadora entre las dos… Pero habría sido necesario explicar cómo.

Una vacilación análoga se encuentra en la discusión del funcionamiento de una sociedad ecosocialista. Por una parte, se trata de «órganos de coordinación poco exigentes» (*loosely coordinative bodies*), que asocian las células de base de la sociedad, que se ocuparían de regular los intercambios, las comunicaciones, la justicia, las universidades, etc. Por otra parte Kovel reconoce la necesidad de establecer una coordinación capaz de tomar a cargo los servicios sociales, como el sistema de transporte ferroviario, los subsidios de los recursos, la reinversión del producto social y la armonización entre las regiones. La ausencia de desarrollo de este último aspecto, mencionado solo al pasar, en la ultimísima página, es, tal vez, la principal laguna de ese libro pionero. En verdad, se trata de la cuestión de la planificación democrática, ecológica y socialista, en la que el conjunto de la población involucrada —y no solamente una «coordinación no exigente» entre comunidades locales— tomaría las grandes decisiones sobre el cambio de paradigma: ¿cómo reemplazar las energías fósiles por la solar, el transporte público por el privado, los agronegocios por la agricultura orgánica? ¿Qué ramas de la producción deberán ser suprimidas —la industria del armamento, la nuclear, la publicidad— y cuáles desarrolladas —la educación, la salud?

El nombre de André Gorz no es mencionado por Kovel, pero se puede observar un cierto número de convergencias entre los dos pensadores. Lo que tienen en común es, en primer lugar, el sentimiento de urgencia frente al peligro y la necesidad de un cambio de sistema. Citemos *Ecológica*, la última obra —póstuma— de ecología política de Gorz: «Es imposible evitar una catástrofe climática sin romper radicalmente con los métodos y la lógica económica que llevan a ella desde hace ciento cincuenta años».[2] En otros términos, los dos comparten una conducta resueltamente anticapitalista: como lo recuerda Gorz, la ecología política no es pensable sin un cuestionamiento «teórico y práctico del capitalismo»; solo tiene toda su carga crítica y ética «si las devastaciones de la Tierra, la destrucción de las bases naturales de la vida son comprendidas como las consecuencias de un modo de producción».[3]

Finalmente, ambos ven en el socialismo la única alternativa ecológicamente racional al capitalismo:

> Solo el socialismo —es decir, solo un modo de producción libre del imperativo de la máxima ganancia, administrado según el interés de todos y por todos aquellos que participan de él—; solo el socialismo puede darse el lujo de buscar la mayor satisfacción al menor costo posible. Solo él puede romper con la lógica de la ganancia máxima, del despilfarro máximo, de la producción y del consumo máximo, y reemplazarla por la sensatez económica: el máximo de satisfacción con el mínimo de gasto.[4]

Ambos reconocen la necesidad de una planificación económica, aun cuando se abstienen de discutir sus modalidades; para Gorz, por lo demás, la planificación no se refiere a la «esfera de la necesidad» — es decir, de las necesidades socializadas—, que debe ser reducida al mínimo, para ampliar al máximo la «esfera de la libertad», es decir, de las actividades autónomas «que tienen su objetivo en sí mismas».[5]

No obstante, Joel Kovel no comparte cierto «optimismo» tecnológico de Gorz, la idea de que «la salida del capitalismo ya empezó», que el sistema «trabaja en su propia extinción» gracias a las nuevas técnicas de autoproducción, el *high-tech self-providing*, y gracias al auge de la economía («inmaterial») del conocimiento.[6] Tampoco acepta la controvertida tesis de Gorz según la cual «una complicidad estructural une al trabajador y el capital: para uno y para otro, el objetivo determinado es "ganar dinero", la mayor cantidad posible de dinero. Uno y otro consideran el "crecimiento" como un medio indispensable para lograrlo».[7]

Al tiempo que critica el apego del movimiento obrero a los empleos capitalistas existentes —que a menudo lo conduce a compartir con el capital la misma postura de resistencia a la protección del medio ambiente—, Kovel no renuncia a sumar a los sindicatos y a los trabajadores al proyecto ecosocialista.

Por su fuerza polémica, por su riqueza y su amplitud de perspectiva, así como por su actitud crítica que no teme hacer público un punto de vista anticapitalista consecuente, el libro de Joel Kovel —cualesquiera sean las críticas que se puedan hacer sobre tal o cual aspecto— es una de las más importantes contribuciones a una ecología radical para el siglo XXI.

John Bellamy Foster, el redactor de la *Monthly Review* —la que tomó, bajo su impulso, una orientación cada vez más ecológica—, es el autor de varias obras que renuevan profundamente el debate sobre el medio ambiente. En primer lugar, *Marx's Ecology. Materialism and Nature*,[8] que presenta los análisis de Marx sobre «la ruptura del metabolismo», «es decir, la perturbación del sistema de los intercambios entre sociedades humanas y medio ambiente natural, producida por el capitalismo». Luego publicó una selección de artículos, *Ecology Against Capitalism*,[9] que propone repensar el progreso, superando la concepción puramente cuantitativa promovida por la economía de mercado capitalista, a favor de una perspectiva que asocie la ecología y la justicia social, es decir, fundada en las verdaderas necesidades sociales (y no las creadas artificialmente por el marketing), democráticamente definidas por la población.

Su último libro, *The Ecological Revolution*, publicado en el año 2009, probablemente es su contribución más importante a una reflexión ecológica anticapitalista. Se trata de una selección de ensayos publicados en diversas ocasiones, y parcialmente reescritos para esta publicación. A pesar de la diversidad de los temas tratados, constituye un todo coherente, unificado por el método marxista y una perspectiva política radical. Está dividido en tres secciones: la crisis planetaria, la ecología de Marx, y ecología y revolución.

Su diagnóstico de la crisis ecológica planetaria es, como el de Kovel, sombrío pero realista. El capital lleva a una guerra contra el planeta, que conduce a una devastación ecológica global que amenaza la supervivencia de la vida sobre la Tierra. ¿Cuántos seres humanos —u otras especies vivientes— van a sobrevivir si el proceso de calentamiento global conduce —como lo prevén muchos científicos— a un ascenso de la temperatura de ocho grados centígrados? Tenemos el tiempo contado: si el mundo capitalista continúa con el *business as usual* todavía algunos decenios más, el desastre es inevitable.

Bellamy denuncia el inmovilismo de los dirigentes, e incrimina también a los ecologistas que creen en pseudosoluciones técnicas, como la energía nuclear. Algunos ecologistas, como James Lovelock, se convirtieron en abogados de lo nuclear: para Bellamy Foster, es un pacto fáustico con el diablo, que solo puede conducir a catástrofes.

El resultado de esta inacción, que dura desde hace decenios, es que ahora nos encontramos en plena crisis global del medio ambiente, una crisis de una enormidad tal que amenaza el tejido de la vida en todo el planeta. Bellamy Foster está convencido de que solo una revolución ecológica, que también sería una revolución social, puede ofrecer una alternativa verdadera; en otros términos, la revolución ecológica global exige un giro civilizatorio. Esta no puede tener lugar más que en el marco de una revolución más amplia, socialista. El término «revolución ecológica», como lo reconoce, es ambiguo, pues es utilizado tanto por muchos partidarios de una modernización ecológica, o «revolución industrial verde» (cambios tecnológicos), como por aquellos que anuncian transformaciones sociales. ¿No sería preferible emplear el término *ecosocialismo*? Foster parece formular reservas; no emplea ese término, pero, en todo caso, está convencido de que «la transición hacia el socialismo y la transición hacia una sociedad ecológica son un único proceso».

Para este proyecto de cambio de paradigma, Marx es una fuente de inspiración muy importante: cita a Marx en *El capital*, Tomo III, quien escribe que «todo el espíritu de la producción capitalista está en contradicción [...] con las condiciones permanentes de la vida exigidas por la cadena de generaciones sucesivas». Como ya lo había hecho en su libro sobre la ecología de Marx, Bellamy Foster pone en evidencia el carácter destructor del capital y la concepción marxiana de la alternativa socialista. La lectura de Marx que realiza Bellamy es interesante, pero, a veces, insuficientemente crítica, como, por ejemplo, en su interpretación demasiado caritativa de algunos pasajes de los *Grundrisse* (los *Elementos fundamentales para la crítica de la economía política* de 1858), donde Marx celebra el «gran rol civilizador» del capitalismo en oposición a la «idolatría de la naturaleza» de las sociedades precapitalistas.

La principal limitación de Marx era, según Bellamy Foster, que ignoraba la importancia de la ecología en la revuelta contra el capitalismo. Yo agregaría otra crítica: Marx, y más aún Engels, a menudo definieron la revolución socialista como la eliminación de las relaciones de producción capitalistas que se habían convertido en obstáculo —«cadenas»— para el libre desarrollo de las fuerzas productivas creadas por el propio modo de producción. Ahora bien, hoy es evidente que una transformación socialista-ecológica debe cambiar *tanto* las relaciones de producción como las fuerzas productivas, así como los modelos de consumo, los sistemas de transporte y, por último, toda la civilización capitalista. Los trabajadores no pueden contentarse con apropiarse del aparato productivo para ponerlo a su servicio; deben reemplazarlo por otra forma de poder.

Uno de los capítulos del libro está dedicado a una discusión de la tesis de James O'Connor, la «segunda contradicción» del capitalismo —aquella entre las fuerzas y las condiciones de producción—. Al tiempo que reconoce la «impresionante contribución a un socialismo ecológico» de O'Connor —el fundador de la revista *Capitalism, Nature and Socialism*—, Bellamy Foster piensa que su teoría corre el riesgo de alimentar una perspectiva demasiado estrecha o demasiado economicista: como lo demuestra el calentamiento global, el capitalismo no degrada solo las condiciones de producción, sino también las precondiciones de la propia vida en el planeta.

En el último capítulo, «Ecología y la transición del capitalismo al socialismo», se apoya en una autora raramente mencionada en los debates marxistas sobre la ecología: Hannah Arendt. En su libro *La condición humana*, insiste acerca de la conexión entre la acumulación de riquezas y el crecimiento de un enorme poder de destrucción: «Somos capaces de destruir nuestra vida orgánica en la Tierra». La conclusión política y la última palabra del libro corresponden a Evo Morales, que es, según Bellamy Foster, «uno de los más elocuentes defensores, a escala mundial, del medio ambiente global y de los derechos indígenas»: no habrá solución a la crisis ecológica global «en tanto no hayamos reemplazado el sistema capitalista por un sistema fundado en la complementariedad, la solidaridad y la armonía entre los pueblos y la naturaleza».

CAPÍTULO 9

En Brasil, el combate de Chico Mendes

¿Será la ecología un «lujo» para los países desarrollados, una cuestión que solo concierne a la población acomodada del mundo industrializado? Un mínimo de atención a lo que ocurre en los países del Sur bastaría para liquidar ese lugar común del pensamiento conformista. Uno es testigo, realmente, entre los campesinos, las comunidades indígenas, las poblaciones urbanas marginadas del tercer mundo, de luchas importantes por la defensa del medio ambiente, tanto más necesarias cuanto que es hacia la periferia del sistema que son exportadas las formas de producción más brutalmente destructivas de la naturaleza y de la salud de la población. Poco importa si las movilizaciones contra la contaminación del agua, las luchas por la defensa de los bosques o las resistencias a las actividades dañinas de las industrias químicas se hacen o no en nombre de la ecología —término que no conocen la mayoría de los actores populares comprometidos en estos movimientos—. Lo esencial es que esas luchas tienen lugar, y que conciernen a cuestiones de vida o muerte para las poblaciones involucradas.

Entre las múltiples manifestaciones de esta «ecología de los pobres», un movimiento aparece como particularmente ejemplar, por su alcance a la vez social y ecológico, local y planetario, «rojo» y «verde»; la lucha de Chico Mendes y de la Coalición de los pueblos de la selva para la defensa de la Amazonia brasileña, contra la obra destructora de los grandes propietarios terratenientes y de los agronegocios multinacionales. Chico, que pagó con su vida su acción por la causa de los pueblos amazónicos, se convirtió en una figura legendaria, un héroe del pueblo brasileño. No obstante, el tratamiento mediático de su historia tiende a ocultar la «radicalidad» social y política de su lucha. También existen intentos desafortunados de «cortar al medio» su herencia política: ecologistas reconciliados con el capitalismo «olvidan» su compromiso socialista, mientras que socialistas atrasados niegan la dimensión ecológica de su lucha.

Francisco Mendes Alves Filho, nacido el 15 de diciembre de 1944 en Xapuri, Amazonia, se formó, en primer lugar, en la cultura cristiana liberacionista de las comunidades eclesiásticas brasileñas; es en el curso de los años sesenta cuando descubre el marxismo, gracias a un veterano comunista, Euclides Fernandes Távora; teniente partidario de Luís Carlos Prestes, Távora participó en el alzamiento «rojo» de 1935, lo que le costó años de prisión y, más tarde, el exilio en Bolivia; de regreso clandestinamente en Brasil, se estableció en la selva amazónica, en la frontera del Estado brasileño del Acre y de Bolivia.

Este aprendizaje marxista tendrá una influencia decisiva en la formación de las ideas políticas de Chico Mendes: según sus propias palabras, el encuentro con Távora «fue una ayuda muy grande y una de las razones por las que estoy en esta lucha. Otros camaradas, desgraciadamente, no tuvieron, en esa época, el privilegio de recibir una orientación tan importante para su futuro como la que yo tuve».[1]

Chico Mendes trabaja como *seringueiro*, esos campesinos que recolectan artesanalmente el látex del árbol de caucho amazónico. En 1975 funda, con el sindicalista Wilson Pinheiro, el sindicato de los trabajadores rurales de Brasileia y, dos años después, el sindicato de los trabajadores rurales de Xapuri, su ciudad natal. Ese mismo año fue elegido consejero municipal en calidad de representante del Movimiento Democrático Brasileño (MDB), la oposición —tolerada— al régimen militar, pero se da cuenta, rápidamente, de que ese partido no es solidario con sus luchas.

Es en esta época cuando va a inaugurar, con sus camaradas del sindicato, una forma de lucha no violenta, inédita en el mundo: los célebres «bloqueos» (*empates*).[2] Son centenares de *seringueiros*, con sus mujeres y sus hijos, quienes se dan la mano y enfrentan, sin armas, los *bulldozers* de las grandes empresas culpables de la deforestación. La actitud a menudo es coronada de éxito, hasta ganar, a veces, la adhesión de los empleados encargados de derribar los árboles.

Los enemigos de los *seringueiros* son los latifundistas, los agro-negocios, las empresas de la industria de la madera, que quieren comercializar las esencias más caras, o los ganaderos, que quieren plantar hierbas en lugar de los árboles derribados, para alimentar ganado destinado a la exportación. Estos son apoyados por la Unión Democrática Ruralista (UDR) y sus *pistoleiros* (matones, mercenarios), que tienen innumerables complicidades en la policía, la justicia y los gobiernos (locales, provinciales y federal).

Es a partir de esta época cuando Chico empieza a recibir las primeras amenazas de muerte; poco después, su camarada de lucha Wilson Pinheiro es asesinado. Para vengar ese crimen que, como de costumbre, quedará impune, un grupo de trabajadores decide hacer justicia ejecutando al terrateniente que dio la orden de matar al dirigente sindical.[3] A pedido de los latifundistas de la región, que intentan vincularlo con este incidente, Chico Mendes es inculpado por el régimen militar, en nombre de la ley de seguridad nacional. En varias ocasiones, en 1980 y 1982, será detenido y llevado ante los tribunales militares, acusado de incitación a la violencia, pero termina siendo absuelto, por falta de pruebas.

En el curso de sus primeros años de actividad sindical, Chico Mendes, socialista convencido, milita en las filas del Partido comunista brasileño. Decepcionado por ese partido, que, de acuerdo con su testimonio, «se ocultaba detrás de las cortinas»,[4] va a adherir, en 1979-1980, al Partido de los Trabajadores, fundado por Lula y sus camaradas, a cuya ala izquierda, socialista, se unirá. Su intento por ser elegido diputado en 1982 fracasa, esencialmente a causa de la débil base electoral del partido en sus primeros años. En 1985 organiza, con sus camaradas sindicalistas, el Encuentro nacional de los *seringueiros*, que va a conducir a la fundación del Consejo nacional de los *seringueiros*; su lucha recibe el apoyo de la Pastoral de la Tierra (PT), de la Central sindical (CUT) y del Movimiento de los Trabajadores Rurales Sin Tierra (MST), que justamente en esa época se estaba constituyendo.

Pronto, la lucha de los *seringueiros* y de otros trabajadores que vivían de la extracción (castaña, yute, nuez de *babaçu*) por defender la selva convergió con la de otros grupos de campesinos, principalmente las comunidades indígenas, lo que dio lugar a la fundación de la Alianza de los pueblos de la selva. Por primera vez, *seringueiros* e indígenas, que muy a menudo se habían enfrentado en el pasado, unen sus fuerzas contra el enemigo común: el latifundio, el capitalismo agrícola destructor de la selva. Chico Mendes definió con pasión la apuesta de esta alianza:

> Nunca más uno de nuestros camaradas hará correr la sangre del otro. Juntos podemos defender la naturaleza, que es el lugar en el que nuestras gentes aprendieron a vivir, a criar a sus hijos y a desarrollar sus capacidades, en un pensamiento en armonía con la naturaleza, con el medio ambiente y con los seres que viven aquí.[5]

Como se ve, Chico Mendes era perfectamente consciente de la dimensión ecológica de esta lucha; a sus ojos, el combate por la Amazonia no solo interesaba a las poblaciones locales, sino a toda la humanidad, que tiene necesidad de la selva tropical, el «pulmón verde del planeta»:

> Descubrimos que, para garantizar el futuro de la Amazonia, era necesario crear una reserva únicamente destinada a la extracción, preservando de esta manera la selva. [...] Nosotros, los *seringueiros*, comprendemos que la Amazonia no puede convertirse en

un santuario intocable. Por otra parte, también comprendemos que es urgente impedir la deforestación que amenaza a la Amazonia y que, en consecuencia, amenaza la vida misma de todos los pueblos del planeta. [...] ¿Qué queremos nosotros con una reserva de extracción? Que las tierras que pertenecen a la República y su usufructo sean reservados a los *seringueiros* y a los otros trabajadores de la extracción que habitan allí.[6]

La solución propuesta, una especie de reforma agraria adaptada a las condiciones de la Amazonia, es de inspiración socialista, en la medida en que está fundada en la propiedad pública de la tierra, y su usufructo por los trabajadores. También es ecológica, un término cuya significación Chico aprende en esa época; al dirigirse a su camarada de lucha Marina Silva, le explica: «Mi vieja, esa cosa que nosotros hacemos acá es ecología. Lo acabo de descubrir durante mi viaje a Río de Janeiro».[7]

En 1987, organizaciones medioambientalistas norteamericanas invitan a Chico Mendes a dar su testimonio en el curso de una reunión del Banco Interamericano de Desarrollo; sin vacilar, explica que la deforestación de la Amazonia es el resultado de proyectos financiados por bancos internacionales. A partir de ese momento se vuelve internacionalmente conocido y recibe, poco después, el premio ecológico «Global 500» de las Naciones Unidas. Su lucha se convirtió entonces en un símbolo de la movilización planetaria para salvar la última gran selva tropical del planeta, y ecologistas del mundo entero se solidarizan con él.

Pragmático, hombre de bases y de acción antes que teórico, preocupado por cuestiones prácticas y concretas —alfabetización, formación de cooperativas de producción, búsqueda de alternativas económicas viables—, Chico también fue un soñador y un utopista, en el sentido noble y revolucionario de la palabra. Es imposible leer sin emoción el testamento socialista e internacionalista que dejó a las generaciones futuras, publicado después de su muerte en un impreso del sindicato de Xapuri y de la CUT:

Atención, joven del futuro:

6 de septiembre del año 2120, aniversario del primer centenario de la revolución socialista mundial, que unificó a todos los pueblos del planeta en un único ideal y un único pensamiento de unidad socialista, y que puso fin a todos los enemigos de la nueva sociedad.

Aquí no queda más que el recuerdo de un triste pasado de dolor, sufrimiento y muerte.

Perdónenme. Soñaba cuando describí estos acontecimientos que yo mismo no veré. Pero tengo el placer de haber soñado.[8]

En 1988, el encuentro mundial de la CUT aprueba la tesis presentada por Chico Mendes en nombre del Consejo nacional de los *seringueiros*, bajo el título: «Defensa de la naturaleza y de los pueblos de la selva», que, entre otras reivindicaciones, exige

la inmediata expropiación de los *seringais* [plantaciones de caucho] en conflicto, en beneficio de las comunidades fundadas en la extracción [*assentamentos extrativistas*] de manera tal de no agredir la naturaleza y la cultura de los pueblos de la selva, permitiendo la utilización sustentable de los recursos naturales, gracias a la utilización de tecnologías desarrolladas desde hace siglos por los pueblos que viven de la extracción en la Amazonia.[9]

En esta época obtiene dos victorias importantes: el establecimiento de las primeras reservas de extracción creadas en el Estado del Acre (Amazonia) y la expropiación de las tierras del *Seringal* Cachoeira, que pertenece al latifundista Darly Alves da Silva, de Xapuri. Chico atribuirá un gran alcance a esta conquista:

La cosa más importante para estimular la continuidad de este movimiento fue la victoria de los *seringueiros* de Cachoeira. Esta victoria tuvo un impacto positivo en toda la región, dado que los *seringueiros* sabían que luchaban contra el grupo más fuerte y sus bandas de asesinos sanguinarios. Los *seringueiros* eran conscientes de que luchaban contra un escuadrón de la muerte e, incluso así, no tuvieron miedo. Hubo días en los que vimos a cuatrocientos *seringueiros* reunidos [...] en piquetes en medio de la selva [...].[10]

Para la oligarquía rural, que, desde siglos atrás tenía el hábito de eliminar −con total impunidad− a aquellos que osaban levantar a los trabajadores contra el latifundio, él era un «tipo marcado para la muerte». Poco después, en diciembre de 1988, Chico Mendes es asesinado delante de su propia casa por asesinos a sueldo al servicio del clan de los propietarios terratenientes Alves da Silva.

Por su capacidad de asociar inseparablemente socialismo y ecología, reforma agraria y defensa de la Amazonia, luchas campesinas y luchas indígenas, supervivencia de humildes poblaciones locales y protección del patrimonio de la humanidad −la última gran selva tropical aún no destruida por el «progreso» capitalista−, el combate de Chico Mendes es ejemplar y continuará inspirando nuevas luchas, no solo en Brasil, sino en otros países y continentes.

La lucha de los *seringueiros* continúa, aún hoy, con altibajos. El alcalde de Xapuri y el gobernador del Estado del Acre pertenecen al PT e intentan enfrentar el poder de la oligarquía. Pero los asesinos a sueldo que actúan para terratenientes continúan haciendo estragos, como lo demuestra espectacularmente el asesinato, en 2005, de la misionera norteamericana Dorothy Stang, muy conocida por su compromiso a favor de los campesinos sin tierra en la región amazónica.

Antes que en partidos o en administraciones, la herencia de Chico Mendes está presente en las luchas de los *seringueiros* y de los indígenas, en la movilización de los campesinos para la reforma agraria −y contra la OGM− y en la convergencia entre ecología y socialismo, que empieza a tomar forma, no solo en pequeñas redes militantes, sino también en el más importante movimiento social de Brasil, el Movimiento de los Trabajadores Rurales Sin Tierra.

Durante la celebración de su vigésimo aniversario, este organizó un seminario internacional en Río (julio de 2004) sobre los «Dilemas de la humanidad». En el impreso de presentación de la conferencia, encontramos un resumen sobre el punto de vista del movimiento, de su utopía social, de su «sueño con los ojos abiertos» (para emplear la expresión de Ernst Bloch): «un mundo igualitario, que socialice las riquezas materiales y culturales». En el mismo documento encontramos un diagnóstico sin ilusiones de la realidad actual: «El mundo se encuentra a tal punto degradado que ya no se trata de pensar estrategias para "volver a su eje", sino más bien para construir un camino nuevo, fundado en la igualdad entre los seres humanos y sobre principios ecológicos».

Un camino nuevo, igualitario y ecológico, que socialice las riquezas: pienso que Chico Mendes se reconocería en ese programa.

ANEXOS

1
Manifiesto ecosocialista internacional
(2001)

Los comienzos del siglo XXI son catastróficos: riesgo ecológico sin precedentes, orden mundial caótico condicionado por el terror y las guerras de baja intensidad que se difunden como la gangrena por el planeta —en África central, en Medio Oriente, a lo largo de la costa del Pacífico de América del Sur— y se propagan a través de las naciones.

Desde nuestro punto de vista, las crisis ecológicas y societales están intrínsicamente vinculadas y deberían ser percibidas como las manifestaciones diferentes de las mismas fuerzas estructurales. Las primeras, de manera general, encuentran su origen en una industrialización rastrera que destruye la capacidad terrestre de mitigar la degradación ecológica. Las segundas provienen de una forma de imperialismo conocida con el nombre de globalización, que tiene efectos devastadores sobre las sociedades que se le resisten. Estas fuerzas subyacentes representan los diferentes aspectos de una misma dinámica central: la expansión del sistema capitalista mundial.

Rechazamos todos los eufemismos y la propaganda que consiste en disminuir la brutalidad de ese régimen: un revoque de la fachada de sus costos ecológicos, como cualquier relativización de sus costos humanos en nombre de la democracia y de los derechos del hombre. Por el contrario, insistimos en la necesidad de considerar el capital a partir de lo que realmente cometió.

Al actuar sobre la naturaleza y su equilibrio ecológico, con la obligación constante de extender su rentabilidad, este régimen expone los ecosistemas a contaminaciones desestabilizadoras, fragmenta los hábitats naturales que evolucionaron durante milenios para permitir el florecimiento de los organismos vivientes, despilfarra los recursos, reduce la vitalidad carnal de la naturaleza al intercambio glacial que exige la acumulación del capital.

Del lado de la humanidad y de sus exigencias de autodeterminación, de bienes comunes y de existencia plena de sentido, el capital reduce a la mayoría de la población del planeta a un puro y simple reservorio de mano de obra y a la mayoría de los otros al rango de cosas. Invadió y minó la integridad de las comunidades por el artificio de su cultura consumista de masa despolitizada. Aumentó las disparidades de ingresos y de poder a niveles nunca alcanzados en la historia humana. Trabajó con una red de Estados clientes, corruptos y serviles, cuyas élites locales realizan el trabajo de represión y protegen al centro de cualquier oprobio. Además, empezó a crear una red de organizaciones transnacionales ubicadas bajo la supervisión de los poderes occidentales y de la superpotencia norteamericana, con el fin de minar la autonomía de la periferia al tiempo que mantiene un enorme aparato militar que refuerza la sumisión al centro capitalista.

Pensamos que el sistema capitalista actual no puede regular, y menos aún superar, las crisis que engendró. No puede resolver la crisis ecológica porque debería poner límites a la acumulación —elección inaceptable para un sistema basado en la regla del «¡crece o muere!»—. No puede resolver la crisis planteada por el terror y otras formas de rebelión violenta porque debería abandonar la lógica del imperio e imponer, en consecuencia, inaceptables límites al crecimiento y al «modo de vida» mantenidos por este imperio. La única solución a su alcance es el recurso a la fuerza brutal, que incrementa la alienación y siembra las semillas tanto del terrorismo como del contraterrorismo, evolucionando hacia una variante nueva y maligna del fascismo.

En resumen, el sistema capitalista mundial quebró históricamente. Se convirtió en un imperio cuyo extraordinario gigantismo oculta cada vez menos la debilidad subyacente. Siguiendo el vocabulario de la ecología, se volvió profundamente «insostenible» y debe ser radicalmente cambiado. Debe ser reemplazado si se quiere un futuro mejor.

Así, la elección dramática planteada por Rosa Luxemburg retorna: ¡socialismo o barbarie! El rostro de la barbarie revela ahora las huellas del nuevo siglo y toma el aspecto de catástrofe ecológica, de la pareja terror/contraterror y de su degeneración fascista.

Pero ¿por qué el socialismo? ¿Por qué revivir una palabra que estaría condenada al cesto de residuos de la historia a causa de las interpretaciones erróneas del siglo XX? Por la simple razón de que, incluso inacabada, la noción de socialismo aún representa la superación del capitalismo. Si el capital es vencido, tarea que reviste hoy la urgencia de la supervivencia misma de la civilización, el resultado solo podrá ser el «socialismo», dado que este término es el que designa la ruptura y el pasaje hacia una sociedad postcapitalista. Si decimos que el capital es radicalmente insostenible y que se orienta hacia la barbarie, al mismo tiempo decimos que tenemos necesidad de construir un socialismo capaz de resolver las crisis que el capital creó. Si los «socialismos» pasados fracasaron en esta tarea, es nuestro deber, a menos de someternos a un fin bárbaro, luchar para que el socialismo triunfe. Así como la barbarie cambió de una manera que refleja el siglo, desde que Rosa Luxemburg anunció su alternativa profética, el socialismo también debe evolucionar para corresponder con la época en la que vivimos.

Por todas estas razones, elegimos nombrar como ecosocialismo a nuestra interpretación del socialismo y elegimos dedicarnos a realizarlo.

¿Por qué el ecosocialismo? Comprendemos el ecosocialismo, en el contexto de la crisis ecológica, no como la negación de los socialismos «primera versión» del siglo XX, sino como su prolongación. Como ellos, se funda en el hecho de que el capital es trabajo muerto objetivado que se beneficia con la separación de los productores y de los medios de producción. El socialismo en su primera versión no fue capaz de realizar su objetivo por razones demasiado complejas para explicar aquí, excepto si se las resume como los efectos diversos del subdesarrollo en un contexto de hostilidad de los poderes capitalistas existentes. Esta coyuntura tuvo numerosas consecuencias nocivas sobre los socialismos existentes, principalmente el rechazo de la democracia interna, acompañado de una emulación productivista del capitalismo, que condujo finalmente al desmoronamiento de esas sociedades y a la ruina de su medio ambiente.

El ecosocialismo conserva los objetivos emancipadores del socialismo de primera versión y rechaza los objetivos atenuados, reformistas, de la socialdemocracia y las estructuras productivistas del socialismo burocrático. Insiste en una redefinición de las vías y del objetivo de la producción socialista en un marco ecológico. No lo hace para imponer la penuria, el rigor y la represión, sino para respetar los límites de crecimiento esenciales para una sociedad durable. Su objetivo es, más bien, transformar las necesidades y sustituir por una dimensión cualitativa lo que era cuantitativo. Desde el punto de vista de la producción de los bienes, eso se traduce en la prioridad de los valores de uso por sobre los valores de cambio, proyecto cargado de consecuencias para la actividad económica inmediata.

La generalización de una producción ecológica en condiciones socialistas puede permitir conseguir una victoria sobre las crisis presentes. Una sociedad de productores libremente asociados no se detiene en su propia democratización. Debe insistir en la liberación de todos los seres como su fundamento y su objetivo. Triunfa así sobre el movimiento imperialista tanto subjetiva como objetivamente. Al realizar este objetivo, lucha contra cualquier forma de dominación, incluidas las de género y de raza, y supera las condiciones que alimentan las derivas fundamentalistas y sus manifestaciones terroristas. En resumen, el principio de una sociedad mundial se inscribe en una perspectiva de armonía ecológica inconcebible en las condiciones presentes. Uno de sus resultados prácticos sería, por ejemplo, la extinción de la dependencia petrolera como del capital industrial. A cambio, eso podría crear la condición material de liberación de las tierras hoy en manos del imperialismo petrolero, al tiempo que se ponen límites al calentamiento del planeta y a otros males nacidos de la crisis ecológica.

Nadie puede leer estas prescripciones sin pensar en las numerosas cuestiones teóricas y prácticas que generan, y no puede hacerlo sin cierto desaliento, en la medida en que parecen tan alejadas del estado actual del mundo realmente existente, ya sea que se trate de las instituciones o de los niveles de conciencia. No tenemos necesidad de desarrollar estos puntos fácilmente reconocibles por todos. Pero querríamos insistir para que sean tomados en consideración. Nuestro objetivo no es definir cada paso a dar, ni gritar contra el poder exorbitante del adversario. Más bien se trata de una lógica de transformación necesaria y suficiente del orden actual para atravesar las etapas intermedias hasta ese objetivo. Actuamos así de manera tal de pensar más profundamente estas posibilidades y, al mismo tiempo, de empezar a trabajar con aquellos que comparten nuestras preocupaciones. Si estos argumentos tienen algún valor, ideas y prácticas similares germinarán de manera coordinada en innumerables lugares del globo.

El ecosocialismo será internacional, universal, o no será. Las crisis de nuestra época pueden y deben ser comprendidas como oportunidades revolucionarias que debemos hacer eclosionar.

Redactado por Joel Kovel y Michael Löwy

2
Red brasileña ecosocialista
(2003)

La Red ecosocialista brasileña fue creada el 27 de enero de 2003, durante el Foro Social Mundial de Porto Alegre. La iniciativa fue discutida durante las dos jornadas del taller «La sustentabilidad por el ecosocialismo», promovida por el Centro de Estudios Medioambientales (CEA) de la ciudad de Pelotas (Rio Grande do Sul), y el instituto A Terrazul («La tierra azul») de la ciudad de Fortaleza (Ceará), con la participación de más de 250 personas venidas de 16 Estados brasileños.

La Red ecosocialista brasileña no reemplaza a ninguna organización política y social. Se constituyó como una asociación de militantes ecosocialistas que, en las diferentes esferas de la acción política, actúan de acuerdo con los principios y la reflexión teórica y programática construidos por el ecosocialismo.

Declaración de principios y objetivos de la Red brasileña ecosocialista

No hay futuro para un pensamiento político que no apunte a un mundo ecológicamente sustentable. La crisis ecológica es un fenómeno global, que debe ser tratado, con la misma intensidad, local y mundialmente. En su ofensiva para transformar todo en propiedad privada y en mercancía, el capital quiere patentar la vida y apropiarse de la biodiversidad; intenta imponer los productos genéticamente modificados y privatizar, mercantilizar y controlar el agua y los bosques.

No basta con comprender que la lógica de producción y de consumo capitalista funciona como un fin en sí; es necesario superar la barrera del entendimiento ortodoxo, fundado únicamente en las antiguas victorias de la clase obrera y de su partido, y reconocer que el desafío ecológico impone una nueva identidad de los actores sociales y de la composición del bloque de fuerzas alrededor de la alianza obrero-campesina.

La red ecosocialista está constituida por mujeres y hombres que creen que el medio ambiente natural no pertenece a individuos, grupos o empresas, ni siquiera a una sola especie. Que luchan para que cada ser humano que vive sobre el planeta tenga los mismos derechos para disponer de los bienes naturales y sociales de los que tenga necesidad y que, cuando estos sean limitados e, incluso, insuficientes, la distribución sea justa y planificada —y nunca decidida por guerras, competencia u otras formas de conflicto—. Que comprenden que la humanidad debe limitar y adaptar sus actividades productivas respetando a los otros seres vivos y los procesos de reproducción de la vida sobre el planeta.

Somos mujeres y hombres que creemos que el ecosocialismo es la realización del socialismo, liberado de las fechorías burocráticas y centralizadoras del pretendido socialismo real. Luchamos por una sociedad sin explotación de una persona por otra, en la que el trabajo apunte a la liberación y no a la alienación humana. Una sociedad que utilice las energías renovables, y en la que la producción sea capaz de reciclar los materiales empleados, sin generar residuos.

Luchamos por un planeta en el que el eterno ciclo natural de la extinción y de la reproducción de las especies permanezca determinado por ritmos naturales y no por el ritmo actual excesivo, que ve desaparecer bruscamente muchas especies, víctimas de acciones de la especie humana, que corre el riesgo de permanecer sola en la superficie de la Tierra. Un planeta habitado por especies surgidas de procesos naturales de creación y de mutación, entre las que se integra la humanidad.

Luchamos por una sociedad en la que todos tengan derecho a un territorio, a un espacio para vivir: la superficie de la tierra y el espacio medioambiental no deben ser un objeto de especulación inmobiliaria ni un instrumento de dominación y exclusión. La tierra debe pertenecer a quien la trabaja y vive en ella, en el campo y en las ciudades —hablamos de ciudades sustentables—. Una sociedad en la que las personas sean conscientes de que cualquier producción emplea elementos naturales, así como conocimientos y estructuras sociales; y de que, en consecuencia, una parte de la producción es una propiedad social y cualquier persona tiene el derecho de acceso a los resultados de la producción social, de manera tal de poder vivir dignamente.

Una sociedad que no acepte riesgos para el medio ambiente. Que comprenda que la inexistencia de pruebas para demostrar que una tecnología es peligrosa no es una razón suficiente para su aceptación, porque, cuando una innovación aparece, normalmente aún no se conocen todos los riesgos. Por el contrario, es necesario que la tecnología pruebe que es segura, y que constituye un instrumento para la mejora de las condiciones sociales y medioambientales en relación con las que existen.

Luchamos por un tiempo en el que la diversidad social será el fruto de la libre determinación de las personas y de los pueblos. Las diferencias culturales, étnicas, raciales, de género y de opción sexual nunca deben ser instrumentos para negar la igualdad de los derechos sociales.

Finalmente, la red ecosocialista está constituida por personas que dedican su vida a defender la vida y la paz sobre el planeta, contra la barbarie.

Porto Alegre, Tercer Foro Social Mundial,
27 de enero de 2003.

3
Declaración ecosocialista internacional de Belén
(2008)

> *El mundo sufre de fiebre debido al cambio climático, y la enfermedad es el modelo de desarrollo capitalista.*
>
> Evo Morales
> Presidente de Bolivia, septiembre de 2007

La elección a la que se enfrenta la humanidad

La humanidad enfrenta hoy una elección crucial: ecosocialismo o barbarie. No tenemos necesidad de más pruebas de la barbarie del capitalismo, sistema parasitario que explota a la humanidad y la naturaleza. Su único motor es el imperativo de la ganancia y la necesidad de un crecimiento infinito. Crea productos inútilmente, despilfarrando los recursos limitados del medio ambiente y devolviéndole solamente toxinas y contaminantes. Bajo el capitalismo, la única medida de éxito es el aumento de las ventas cada día, cada semana, cada año —que necesita la creación de enormes cantidades de productos que son directamente nocivos para los humanos y para la naturaleza, y solo pueden ser fabricados favoreciendo las enfermedades, destruyendo los bosques que producen el oxígeno que respiramos, demoliendo ecosistemas y empleando nuestra agua, nuestro aire y nuestra tierra como cloacas para deshacerse de los desechos industriales.

La necesidad de crecimiento del capitalismo existe en cada nivel, desde la empresa individual al sistema en su conjunto. El hambre insaciable de las empresas es facilitada por la expansión imperialista en busca de un acceso cada vez más grande a los recursos naturales, a la mano de obra a bajo costo y a los mercados. El capitalismo siempre fue ecológicamente destructor pero, en nuestros días, sus asaltos contra la tierra se multiplicaron. Un cambio cuantitativo, que lleve a una transformación cualitativa, conduce al mundo a un punto de no retorno, al borde del desastre. Un número cada vez más importante de investigaciones científicas identificaron las múltiples vías por las cuales un pequeño aumento de la temperatura podría desencadenar un proceso irreversible, efectos de aceleración —como el rápido derretimiento del casquete glaciar en Groenlandia o la eliminación del metano enterrado en el permafrost y debajo del océano—, que provocarían un cambio climático catastrófico inevitable.

Un calentamiento global dejado sin control ejercerá efectos devastadores sobre la humanidad, la fauna y la flora. Los rendimientos de las cosechas caerán radicalmente hasta la hambruna en una amplia escala. En ciertas regiones, centenares de millones de personas serán desplazadas por las sequías y, en otras, por el ascenso del nivel de las aguas de los océanos. Una temperatura caótica e imprevisible se convertirá en la norma. El aire, el agua y el suelo serán contaminados. Las epidemias de malaria, de cólera y de otras enfermedades aún más mortales castigarán a los más pobres y a los miembros más vulnerables de cada sociedad.

El impacto de la crisis ecológica es sentido más severamente por aquellos y aquellas cuyas vidas ya fueron asoladas por el imperialismo en Asia, en África y en América Latina, y los pueblos autóctonos son, en todas partes, particularmente vulnerables. La destrucción medioambiental y el cambio climático constituyen un acto de agresión de los ricos contra los pobres.

La devastación ecológica, que resulta de la necesidad insaciable de aumentar las ganancias, no es una dimensión accidental del capitalismo: está contenida en el ADN del sistema y no puede ser realmente apartada. La producción guiada por la búsqueda de las

ganancias solo considera el corto plazo para tomar sus decisiones
de inversión, y no puede tomar en consideración la salud y la esta-
bilidad a largo plazo del medio ambiente. La expansión económica
infinita es incompatible con ecosistemas finitos y frágiles, pero el sistema económico capitalista no puede tolerar límites al crecimiento:
su necesidad constante de expansión derribará todos los límites que
podrían ser impuestos en nombre del «desarrollo durable». Así, el
sistema capitalista, en sí inestable, no puede reglamentar su propia
actividad, y menos aún superar las crisis provocadas por su crecimiento caótico y parasitario, porque hacerlo así exigiría que se
impusieran límites a la acumulación —opción inaceptable para un
sistema basado en una regla: ¡crece o desaparece!.

Si el capitalismo sigue siendo el orden social dominante, lo mejor
que podemos prever son condiciones climáticas insoportables, una
intensificación de las crisis sociales y la difusión de formas cada
vez más bárbaras de la dominación de clase, como enfrentamien-
tos entre potencias imperialistas, o entre estas últimas y el conjunto
de las regiones del Sur, por el control de los recursos en baja en el
mundo.

En el peor de los casos, la propia humanidad está amenazada.

Estrategias capitalistas de cambio

No faltan proposiciones estratégicas para enfrentar la ruina ecológica, incluida la crisis del calentamiento global producido por el
aumento negligente del anhídrido carbónico en la atmósfera. La
gran mayoría de estas estrategias comparten un dispositivo común:
son concebidas por y en nombre del sistema global dominante, el
capitalismo. No es sorprendente, entonces, que el sistema global
dominante, responsable de la crisis ecológica, establezca el marco de
la discusión en relación con esta crisis, del control del capital sobre
los medios de producción del conocimiento y del anhídrido carbónico en la atmósfera. En consecuencia, sus políticos, burócratas,

economistas y profesores elaboran un raudal continuo de proposiciones, que son todas variantes sobre el siguiente tema: «Los daños ecológicos del mundo pueden ser superados sin ruptura con los mecanismos del mercado y con el sistema de acumulación que dirige la economía mundial».

Pero nadie puede servir a dos amos —la integralidad de la Tierra y la rentabilidad del capitalismo—. Uno debe ser abandonado, y la historia deja pocas dudas respecto a las fidelidades de la gran mayoría de los responsables políticos. Hay razones, entonces, para dudar radicalmente de la capacidad de las medidas propuestas para bloquear el desplazamiento hacia la catástrofe ecológica.

Y, en efecto, más allá de las medidas cosméticas, las reformas de los últimos treinta y cinco años tuvieron un efecto lamentable. Mejoras aisladas se producen naturalmente, pero son aplastadas y barridas, de manera inevitable, por la expansión despiadada del sistema y por el carácter caótico de su producción. Un ejemplo que demuestra este fracaso: durante los cuatro primeros años del siglo XXI, las emisiones globales de carbono fueron casi tres veces superiores a las de los años 1990, a pesar del Protocolo de Kioto de 1997.

Kioto preconiza un régimen de «límite e intercambio» de los créditos de contaminación, intercambios para realizar ciertas reducciones de las emisiones y proyectos en el Sur —el pretendido «mecanismo de desarrollo propio»— para compensar emisiones en las naciones fuertemente industrializadas. Todos estos instrumentos cuentan con mecanismos del mercado, lo que significa, ante todo, que el anhídrido carbónico sigue siendo un producto bajo el control de los mismos intereses que llevaron al calentamiento global. Los contaminadores no están obligados a reducir sus emisiones de carbono, pero pueden emplear su potencia económica para controlar el mercado del carbono para sus propios fines, incluida la exploración devastadora de otros carburantes. ¿No hay un límite al importe de créditos de emisión suministrados por gobiernos que pretenden respetar este protocolo?

Dado que la verificación y la evaluación de los resultados son imposibles, el Protocolo de Kioto no solo es incapaz de controlar emisiones, sino que presenta igualmente medios que permiten la evasión y fraudes de todo tipo. Pues incluso el *Wall Street Journal* afirmó, en marzo de 2007, que el comercio de los derechos de emisión «va a permitir a algunas grandes sociedades ganar dinero, pero que no cree ni un minuto en que ese montaje hará mucho en lo que concierne al calentamiento climático».

El encuentro sobre el clima en Bali, en 2007, abrió la vía a abusos aún mayores para el período que viene. Evitó precisar cualquier cosa en lo que concierne a los objetivos de reducción de las emisiones del carbono propuesto por los mejores climatólogos (90% desde ahora hasta 2050). Dejó a los pueblos del Sur a merced del capital, al dar al Banco Mundial la jurisdicción sobre el proceso y al haber vuelto, de esta manera, aún más fácil la contaminación por carbono. Con el fin de asegurar el futuro de la humanidad, es necesaria una transformación revolucionaria, en la que todas las luchas particulares participen en una lucha mayor contra el capital. Esta gran lucha puede permanecer simplemente negativa y anticapitalista. Debe anunciar y establecer un género diferente de sociedad, el ecosocialismo.

La alternativa ecosocialista

El movimiento ecosocialista apunta a detener y a invertir el proceso desastroso del calentamiento global, en particular, y del ecocidio capitalista, en general, y a construir una alternativa radical y práctica al sistema capitalista. El ecosocialismo se arraiga en una economía transformada, fundada en valores no venales de justicia social y de equilibrio ecológico. Critica la «ecología del mercado» capitalista y el socialismo productivista, que ignoraron el equilibrio y los límites de la Tierra. Redefine el camino y el objetivo del socialismo en un marco ecológico y democrático.

El ecosocialismo implica una transformación social revoluciona-ria, que necesitará la limitación del crecimiento y la transformación de las necesidades por una transferencia radical de los criterios eco-nómicos cuantitativos hacia criterios cualitativos, y una sustitución del valor de cambio por el valor de uso. Estos objetivos exigen el control democrático de la esfera económica, de modo tal de permitir que la sociedad defina colectivamente sus objetivos de inversión y de producción, y la colectivización de los medios de producción. Solo la toma de decisiones y la propiedad colectiva de la producción pueden ofrecer la perspectiva a largo plazo que es necesaria para el equilibrio y la durabilidad de nuestros sistemas sociales y de la naturaleza.

El rechazo del productivismo y la transferencia de los criterios económicos cuantitativos hacia los criterios cualitativos implican repensar la naturaleza y los objetivos de la producción y de la activi-dad económica en general. Las actividades humanas creadoras, no productivas y productivas esenciales, tales como la construcción de viviendas, la salud, la educación de los niños y de los adultos, o las artes, serán los valores principales en una economía ecosocialista.

El aire puro, el agua potable y el suelo fértil, así como el acceso libre y universal a la alimentación y a las fuentes de energía reno-vables y no contaminantes, son las necesidades humanas de base y derechos naturales defendidos por el ecosocialismo. Lejos de ser «despótico», el ecosocialismo, al definir la política colectiva en los niveles regional, nacional e internacional, apunta al ejercicio de la libertad y de la responsabilidad por el conjunto de la población. Esta libertad de decisión constituye una liberación de las «leyes» econó-micas alienantes del sistema capitalista que favorecen el crecimiento.

Para evitar el calentamiento global y otros peligros que ame-nazan la supervivencia humana y ecológica, sectores enteros de la industria y de la agricultura deben ser suprimidos, reducidos o reestructurados; otros deben ser desarrollados, proveyendo empleo para la totalidad de la población. Una transformación tan radical es imposible sin el control colectivo de los medios de producción y la planificación democrática de la producción y de los intercambios. Las decisiones democráticas sobre la inversión y el desarrollo tecnológico deben reemplazar su control por parte de las empresas capitalistas, los inversores y los bancos, con el objetivo de servir a largo plazo al bien común de la sociedad y de la naturaleza.

Los elementos más oprimidos de la sociedad humana, los pobres y los pueblos autóctonos, deben participar activamente de esta revolución ecosocialista, con el fin de revitalizar tradiciones ecológicamente sustentables y dar la voz a aquellos a los que el sistema no puede oír. Dado que los pueblos del Sur y los pobres son, en general, las primeras víctimas de la destrucción capitalista, sus luchas y sus reivindicaciones ayudarán a definir los contornos de la sociedad ecológica y económicamente sustentable en construcción.

Asimismo, la igualdad entre los sexos es un componente esencial del ecosocialismo, y los movimientos de las mujeres estuvieron entre los adversarios más activos y más expresivos en la lucha contra la opresión capitalista. Otros agentes potenciales de cambio revolucionario ecosocialista existen en todas las sociedades.

Un proceso como este no puede comenzar sin una transformación revolucionaria de las estructuras sociales y políticas. La lucha de los obreros, de los granjeros, de los campesinos sin tierra y de los desocupados por la justicia social es inseparable de la lucha por la justicia medioambiental. El capitalismo, social y ecológicamente explotador y contaminador, es el enemigo de la naturaleza y del trabajo. El ecosocialismo propone transformaciones radicales en:

1. El sistema energético, reemplazando los carburantes y los combustibles orgánicos basados en el carbono por fuentes de energía limpia bajo el control de la comunidad: viento, geotermia, energía maremotriz y, sobre todo, energía solar.

2. El sistema de los transportes, reduciendo rigurosamente el empleo de camiones y vehículos privados, reemplazándolos por el transporte público libre y eficaz.

3. Los modelos actuales de producción, de consumo y de construcción basados en el despilfarro, en la obsolescencia planificada, la competencia y la contaminación serán reemplazados por la producción de bienes reciclables y durables y el desarrollo de una arquitectura verde.

4. La producción alimentaria y la distribución, defendiendo la soberanía alimentaria local en la medida de lo posible, eliminando los agronegocios industriales contaminantes, creando agroecosistemas sustentables y trabajando activamente en la renovación de la fertilidad del suelo.

Teorizar y trabajar hacia la concreción del objetivo de un socialismo verde no significa que no deberíamos, igualmente, luchar por reformas concretas y presentes en este momento. Sin ninguna ilusión en relación con el «capitalismo limpio», debemos trabajar para imponer a las potencias —gobiernos, sociedades, instituciones internacionales— cambios inmediatos, elementales pero esenciales:

* reducción enérgica y ejecutoria de las emisiones de gas con efecto invernadero;

* desarrollo de fuentes de energía limpias;

* suministro de un sistema de transporte público libre extendido;

* reemplazo progresivo de los camiones por ferrocarriles, del transporte por carreteras por el transporte ferroviario;

* creación de programas de limpieza de la contaminación;

* eliminación de la energía nuclear y de los gastos de guerra.

Estos pedidos y reivindicaciones semejantes están en el corazón del movimiento de la justicia global y de los foros sociales mundiales, que favorecieron, desde Seattle en 1999, la convergencia de los movimientos sociales y medioambientales en una lucha contra el sistema capitalista.

La devastación medioambiental no será detenida en las salas de conferencias ni por medio de tratados: solo la acción masiva puede hacer la diferencia. Los obreros urbanos y rurales, los pueblos del Sur y los pueblos autóctonos están en el primer rango de esta lucha contra la injusticia medioambiental y social. Su combate contra las multinacionales explotadoras y contaminantes debe llegar hasta volver ilegales los productos de los agronegocios, tales como las semillas genéticamente modificadas o los combustibles orgánicos, que no hacen más que agravar la crisis alimentaria actual.

Debemos promover estos movimientos sociales y medioambientales y establecer la solidaridad entre las movilizaciones ecológicas y anticapitalistas, en el Norte y en el Sur.

Esta declaración ecosocialista es un llamado a la acción. Las clases dirigentes suprimidas son poderosas; no obstante, el sistema capitalista se manifiesta cada día como financiera e ideológicamente en bancarrota, incapaz de superar las crisis económica, ecológica, social, alimentaria y otras que engendra. Y las fuerzas de la oposición radical están vivas y son esenciales. En todos los niveles —nacional, regional e internacional— combatimos para crear un sistema alternativo basado en la justicia social y ecológica.

4
Copenhague
(2009)

Este documento fue preparado gracias a la máquina del tiempo de H.G. Wells por la Red Ecosocialista Internacional (www.ecosiacialistnetwork. org). Michael Löwy es su redactor, con la ayuda de Klaus Engert, Danièle Follet, Joel Kovel, Joaquín Nieto y Ariel Salleh. Las ilustraciones son de Sille Stenersen Hansen.

12 de abril de 2009. Era una hermosa y fresca jornada de primavera, la temperatura no había subido por encima de los 42° a la sombra. La abuela Sarah, de 71 años de edad, salió para dar un paseo a la orilla del mar con su nieto Stefan, de 10 años. Entablaron una conversación apasionante.

STEFAN: Abuela, ¿es verdad lo que papá me contó esta mañana: que debajo del mar que está frente a nosotros se encuentra una ciudad entera que, en otra época, se llamaba Copenhague?

SARAH: Sí, querido Stefan. Era una ciudad grande, hermosa, maravillosa, llena de palacios, iglesias, torres, teatros, universidades. Nosotros vivíamos allí, con nuestros amigos y nuestra familia, antes de la Catástrofe.

STEFAN: ¿Qué pasó?

SARAH: ¿Todavía no te lo enseñaron en la escuela? Los gases a efecto invernadero producidos por las energías fósiles —el carbón, el petróleo— desencadenaron un ascenso de la temperatura, y billones de toneladas de hielo del Polo Sur y de Groenlandia se derritieron. Eso empezó lentamente, pero, hace algunos años, se convirtió en un proceso repentino; enormes bloques de hielo se deslizaron hacia el mar, y el nivel de los océanos subió varios metros.

STEFAN: Ya veo… ¿Ocurrió solo acá, en Dinamarca?

SARAH: Para nada, mi querido. Ocurrió en todo el mundo. Muchas otras ciudades maravillosas, como Venecia, Ámsterdam, Londres, Nueva York, Río de Janeiro, Dacca, Hong Kong están ahora debajo del océano…

STEFAN: ¿No veré nunca Copenhague, y todas esas otras hermosas ciudades?

SARAH: Me temo que no, Stefan. Algunos climatólogos dicen que en algunos miles de años, cuando el clima vuelva a cambiar, el mar podrá retroceder, de modo tal que se revelarán las ruinas de esas espléndidas ciudades. Pero nosotros ya no estaremos ahí para verlo…

STEFAN: Pero, abuela, ¿nadie previó la Catástrofe?

SARAH: ¡Sí, muchas personas lo hicieron! Algunos científicos, como James Hansen, el climatólogo de la NASA, previeron bastante correctamente, hace unos cuarenta años, lo que ocurriría si se continuaba con el *«business as usual»*, las prácticas económicas corrientes. Otros científicos previeron lo que ocurrió en Europa del Sur: en lugar de las verdes llanuras del sur de Italia, de Francia y de España, ahora tenemos el desierto de Sahara de la Europa del Sur.

STEFAN: Decime, abuela, ¿era inevitable la Catástrofe?

SARAH: En verdad, no, querido. Hace algunas decenas de años todavía era posible impedirla, si se hubieran realizado cambios radicales.

STEFAN: *¿Por qué los gobiernos de esos años no tomaron iniciativas?*

SARAH: La mayoría de ellos servían a los intereses de las clases dominantes, que se negaban a encarar cualquier cambio que amenazara su sistema económico —la economía de mercado capitalista—, sus privilegios y su modo de vida. Constituían una especie de «oligarquía fósil» que se aferraba obstinadamente al petróleo y al carbón, y que consideraba cualquier propuesta de reemplazarlos rápidamente por alternativas renovables (como la energía solar) como «no realista» o como una amenaza para la «competitividad» de sus empresas. Lo mismo se aplica a la industria automotriz, el transporte de mercancías por medio de camiones, etc.

STEFAN: *¿Cómo podían ser tan ciegos?*

SARAH: Mirá; en 2009, cuando la ciudad de Copenhague todavía existía, los dueños del mundo se encontraron aquí para una conferencia mundial sobre los cambios climáticos. Pronunciaron hermosos discursos, pero no llegaron a ninguna conclusión significativa sobre lo que era necesario hacer en los próximos años: algunos países industriales ricos anunciaron que iban a reducir a la mitad sus emisiones… hacia 2050. Y, mientras tanto, no tuvieron nada mejor que establecer un «mercado de los derechos de emisión», gracias al cual los grandes contaminadores compraron el derecho a seguir contaminando.

STEFAN: *¿Y nadie protestó?*

SARAH: ¡Por supuesto que hubo protestas! Masas de gente encolerizada llegaron de Europa, pero también de regiones lejanas, a Copenhague, para exigir medidas inmediatas y radicales, como la reducción del 40% de las emisiones contaminantes en 2020 (¡tendríamos que haber exigido el 80%!). Entre las personas que sostenían estas medidas, algunos —yo era una de ellos— reivindicaban el *ecosocialismo*.

STEFAN: ¿Qué es lo que ustedes proponían?

SARAH: Decíamos que era necesario un cambio social radical, que sacara los medios de producción de las manos de la oligarquía capitalista para darlos al pueblo; habíamos abogado por un nuevo modo de civilización, un nuevo paradigma de producción —que utilizara la energía solar— y de consumo, suprimiendo la publicidad y las baratijas inútiles que esta promovía. En lugar del crecimiento «ilimitado», basado en la ganancia sin límites y la acumulación del capital, habíamos propuesto la planificación democrática de la producción, en función de las verdaderas necesidades sociales y de la protección del medio ambiente.

STEFAN: ¡Todo eso me parece razonable! Pero ¿cuál fue la respuesta de las autoridades?

SARAH: Y, bueno, nosotros y todos los jóvenes que protestábamos fuimos recibidos a golpes de porra y con gas lacrimógeno.

STEFAN: ¿Te golpearon, abuela?

SARAH: ¡Sí! Fui alcanzada por un policía que tenía una porra de caucho, y mi oreja izquierda fue casi totalmente cortada. Mirá, todavía tengo una marca acá, debajo de mis cabellos…

5
Cancún
(2010)

¡Cambiemos el sistema (capitalista), no el clima!
La perspectiva ecosocialista

En noviembre y diciembre de 2010, la conferencia de las Naciones Unidas sobre el clima (COP 16) tendrá lugar en Cancún, México. Todo indica que esta conferencia será la prolongación de la que se llevó a cabo en Copenhague en diciembre de 2009: una nueva etapa en la política neoliberal de las grandes potencias que quieren escamotear la responsabilidad del capitalismo en el cambio climático, aprovechar la situación para privatizar la atmósfera, los bosques, así como los otros recursos naturales, y pasar la cuenta de su desbaratamiento a los pobres del mundo entero. Incapaz de romper con el productivismo y la acumulación de las ganancias y, en consecuencia, con los combustibles fósiles, el gran capital quiere además imponernos sus locuras tecnológicas: la energía nuclear, los agrocarburantes, los OGM y el pretendido «carbón limpio».

En Copenhague, los Estados Unidos, China, India, Brasil, Sudáfrica y la Unión Europea negociaron en secreto un acuerdo paralelo que intentaron imponer, sin éxito, en la Asamblea general. Este texto es totalmente insuficiente en el plano ecológico: a corto término implica un ascenso de la temperatura de más de 4°C, sinónimo de muy serias catástrofes. En el plano social, equivale a liquidar el principio de la «responsabilidad común pero diferenciada» de los países capitalistas desarrollados y de los países denominados «en desarrollo». Los representantes de varios países del Sur denunciaron la ilegalidad, la irresponsabilidad, el cinismo y la injusticia de este acuerdo entre los grandes contaminadores. Desgraciadamente, a pesar de sus protestas, este fue adoptado *de facto* como el marco de la política climática de las Naciones Unidas, en particular de la convención marco del clima y de su secretariado…

¡Es inaceptable! En abril de 2010, por el llamado del presidente boliviano Evo Morales, más de 30 000 representantes de los movimientos sociales, de los sindicatos, de los pueblos indígenas y de ciertos gobiernos se reunieron en Cochabamba y adoptaron una «declaración de los pueblos sobre el cambio climático y los derechos de la tierra madre». Esta declaración dice claramente que el capitalismo es responsable del calentamiento global y que los países del Norte deben disminuir radicalmente sus emisiones de gas con efecto invernadero con el fin de limitar el ascenso de la temperatura al mínimo. Sin suscribir a cada punto de ese texto, la red ecosocialista internacional apoya a aquellas y aquellos que exigen que esta declaración, y no el pretendido acuerdo de Copenhague, sirva de base a las negociaciones de Cancún. Cochabamba hizo oír la voz de los pueblos indígenas, de los campesinos, de las mujeres, de los trabajadores y de los pobres en general. En una palabra: la voz de las víctimas. Es esta voz, y no la de las multinacionales, la que debe dar el tono de las negociaciones climáticas.

El verano de 2010 estuvo marcado por una serie de catástrofes que demuestran lo que el calentamiento global nos tiene reservado: incendios mortales en Rusia, lluvias torrenciales e inundaciones en China, México y Pakistán. El caso de Pakistán es dramático y revelador. Las inundaciones provocaron allí veinte millones de víctimas y enormes daños materiales. Ya afectado hace algunos años por un terremoto, Pakistán, si continúa siguiendo las recetas del Banco Mundial y del FMI, corre el riesgo de hundirse en una espiral de subdesarrollo. Para evitarlo, es necesario anular la deuda externa y exigir que el Norte pague las reparaciones. Pero también es necesario crear las condiciones para evitar la reproducción de esta catástrofe en el futuro. Para esto, hay que romper con el «modelo» capitalista de desarrollo, lo que implica principalmente una reforma agraria democrática, una producción para las necesidades y una gestión alternativa de los recursos hídricos y energéticos, al servicio de las poblaciones.

El cambio climático demuestra que el capitalismo está acabado. Por su carrera hacia la ganancia productivista, este modo de producción está destruyendo las dos únicas fuentes de toda riqueza: la Tierra y el trabajador. Frente a la barbarie que viene, se plantean una alternativa de sociedad, una elección de civilización radical. La maximización de las ganancias privadas sin tomar en cuenta límites naturales debe dejar lugar a la maximización del bienestar colectivo, del vivir bien, respetando a la madre Tierra. Este es el mensaje que la red ecosocialista internacional quiere promover. ¡Únanse a nosotros!

Notas

Prefacio

1. James E. Hansen: *Storms of my Grandchildren. The Truth About the Coming Climate Catastrophe and our Last Chance to Save Humanity*. Nueva York: Bloomsbury, 2009, p. IX.

2. Thorstein B. Veblen: *Théorie de la classe de loisir* (1899). París: Gallimard, colección «Tell», 1979.

3. Hervé Kempf: *Comment les riches détruisent la planète*. París: Seuil, 2007. Ver también su otra obra igualmente interesante, *Pour sauver la planète, sortez du capitalisme*. París: Seuil, 2009.

4. Mike Davis, *Génocides tropicaux. Catastrophes naturelles et famines coloniales. Aux origines du sous-développement*. París: La Découverte, 2003.

5. Daniel Tanuro: *L'Impossible Capitalisme vert*. París: La Découverte, colección «Les empêcheurs de penser en rond», 2010. Ver también la compilación colectiva dirigida por Vincent Gay: *Pistes pour un anticapitalime vert*. París: Syllepse, 2010, con las contribuciones de Daniel Tanuro, François Chesnais, Laurent Garrouste, entre otros. También se encuentra una crítica argumentada y precisa del capitalismo verde en los trabajos de los ecomarxistas norteamericanos: Richard Smith: «Green capitalism: the god that failed», *Real-World Economics Review*, nº 56, 2011, y John Bellamy Foster, Brett Clark y Richard York: *The Ecological Rift*. Nueva York: Monthly Review Press, 2010.

6. Rudolf Bahro: *Die Alternative. Zur Kritik des real existierenden Sozialismus*. Europäische Verlagsanstalt, 1977; *L'Alternative: pour une critique du socialisme existant réellement*, trad. bajo la dirección de Patrick Charbonneau. París: Stock 2, colección «Lutter», 1979.

7. Penny Kemp, Frieder Otto Wolf, Pierre Juquin, Carlos Antunes, Isabelle Stengers, Wilfried Telkamper: *Europe's Green Alternative: A Manifesto For a New World*. Montreal: Black Rose Books, 1992.

8. Ibíd.

9. Stéphane Lavignotte: *La décroissance est-elle souhaitable?* París: Textuel, 2010.

10. Alusión al verbo inglés «*to moan*», «quejarse».

I. Socialismo ecológico

Capítulo 1. ¿Qué es el ecosocialismo?

1.   Ver, sobre este tema, la excelente obra de Joel Kovel: *The Enemy of Nature. The end of capitalism or the end of the world?* Nueva York: Zed Books, 2002.

2.   Walter Benjamin: *Sens unique* (*Einbahnstraße*, 1928). París: Lettres Nouvelles-Maurice Nadeau, 1978, p. 243; y «Thèses sur la philosphie de l'histoire», en *L'Homme, le Langage et la Culture*. París: Denoël, 1971, p. 190. También se puede mencionar al teórico socialista austríaco Julius Dickmann, autor de un ensayo pionero publicado en 1933 en la revista francesa *La Critique sociale*: según él, el socialismo no sería el resultado de un «desarrollo impetuoso de las fuerzas productivas», sino más bien una necesidad impuesta por la «constricción de la reserva de los recursos naturales» dilapidados por el capital. El desarrollo «irreflexivo» de las fuerzas productivas por parte del capitalismo mina las propias condiciones de existencias del género humano («La véritable critique de la production capitalista», *La Critique sociale*, n° 9, septiembre de 1933).

3   James O'Connor: «La seconde contradiction du capitalisme: causes et conséquences», en «L'écologie, ce matérialisme historique», *Actuel Marx N° 12*. París, 1992, pp. 30 y 36.

4.   Tiziano Bagarolo: «Encore sur marxisme et écologie», *Quatrième internationale N° 44*, mayo-julio de 1992, p. 25.

5.   James O'Connor: *Natural Causes. Essays in Ecological Marxism*. Nueva York: The Guilford Press, 1998, pp. 278, 331.

6.   John Bellamy Foster emplea el concepto de «revolución económica», pero explica: «Una revolución ecológica a escala planetaria digna de ese nombre solo puede tener lugar en el marco de una revolución social —y reitero, socialista— más amplia. Una revolución de estas características [...] necesitaría, como lo subrayaba Marx, que la asociación de los productores pueda regular racionalmente la relación metabólica entre el hombre y la naturaleza [...]. Debe inspirarse en las ideas de William Morris, uno de los más originales y ecologistas herederos de Karl Marx, de Gandhi y de otras figuras radicales, revolucionarias y materialistas, entre las que está el propio Marx, hasta llegar a Epicuro» (John B. Foster: «Organizing Ecological Revolution», *Monthly Review*, vol. 57, n° 5, 2005, pp. 9-10).

7.   María Mies: «Liberación del consumo o politización de la vida cotidiana», *Mientras Tanto*, n° 48, Barcelona, 1992, p. 73.

8.   Daniel Bensaïd: *Marx l'intempestif*. París: Fayard, 1995, pp. 385-386, 396 [*Marx intempestivo. Grandezas y miserias de una aventura crítica*. Trad. Agustín del Moral Tejeda. Buenos Aires: Herramienta, 2003] y Jorge Riechman: *¿Problemas con los frenos de emergencia?* Madrid: Editorial Revolución, 1991, p. 15.

9. Ver, sobre esta cuestión, el notable ensayo de Jorge Riechman: «El socialismo puede llegar solo en bicicleta», en *Papeles de la Fundación de Investigaciones Marxistas*, n° 6, Madrid, 1996.

10. Algunos marxistas ya sueñan con un «comunismo solar»: ver David Schwartzman: «Solar Communism», *Science and Society*, número especial «Marxism and Ecology», vol. 60, n° 3, otoño de 1996.

11. Daniel Bensaïd: *Marx l'intempestif, op. cit.*, pp. 391, 396.

12. Jorge Riechmann: «Necesitamos una reforma fiscal guiada por criterios igualitarios y ecológicos», en *De la economía a la ecología*. Madrid: Trotta, 1995, pp. 82-85.

13. Ver el iluminador análisis de John Bellamy Foster: «Ecology against Capitalism», en *Monthly Review*, vol. 53, n° 5, octubre de 2001, pp. 12-14.

14. Pierre Rousset: «Convergence de combats. L'écologique et le social», *Rouge*, 16 de mayo de 1996, pp. 8-9.

15. Jorge Riechmann: «El socialismo puede llegar solo en bicicleta», *op. cit.*, p. 57.

16. «Let them eat pollution», *The Economist*, 8 de febrero de 1992.

17. Alusión a la organización rusa antizarista «Narónaya Volia» (literalmente: la voluntad del pueblo); cercana al revolucionario Necháyev, que preconiza el terrorismo, solo existe durante dos años, de 1879 a 1881.

18. Joan Martínez-Alier: «Political Ecology, Distributional Conflicts, and Economic Incommesurability», *New Left Review*, n° 211, mayo-junio de 1995, pp. 83-84.

19. Artículo publicado en el diario *La República*, Lima, 6 de abril de 1991 (citado por Joan Martínez-Alier: «Political Ecology, Distributional Conflicts, and Economics Incommesurability», *op. cit.*, p. 74).

Capítulo 2. Ecosocialismo y planificación democrática

1. Richard Smith: «The engine of ecocollapse», *Capitalism, Nature and Socialism*, vol. 16, n° 4, 2005, p. 35.

2. Karl Marx: *Das Kapital*, volumen I. Berlín: Dietz Verlag, 1960, pp. 529-530. Para un análisis notable de la lógica destructiva del capital, ver Joel Kovel: *The Enemy of Nature, op. cit.*, 2002.

3. John B. Foster: *Marx's Ecology. Materialism and Nature*. Nueva York: Monthly Review Press, 2000.

4. Friedrich Engels: *Anti-Dühring*. París: Éditions sociales, 1950, p. 318.

5. Karl Marx: *Das Kapital*, volumen III, *op. cit.*, 1968, p. 828 y volumen I, *op. cit.*, 1960, p. 92. Encontramos una problemática semejante en el marxismo contemporáneo. El economista Ernest Mandel, por ejemplo, defendía una «planificación centralista pero democrática bajo la autoridad de un con-

greso nacional comunista constituido por varios consejos de trabajadores cuyos miembros serían en gran parte trabajadores reales» (Ernest Mandel: «Economics of transition period», en Ernest Mandel (dir.), *50 Years of World Revolution*. Nueva York: Pathfinder Press, 1971, p. 286). En escritos más recientes, hace más bien referencia a los «productores y consumidores». Ernest Mandel, teórico socialista de la planificación democrática ilustrada, no había incluido en su reflexión económica el tema de la ecología.

6. Ernest Mandel definía la planificación de la siguiente manera: «Una economía planificada significa [...], en relación con los recursos relativamente escasos de la sociedad, que no sean distribuidos ciegamente ("a espaldas del productor-consumidor") por la acción de la ley del valor, sino que sean conscientemente atribuidos de acuerdo con prioridades establecidas previamente. En una economía de transición en la que reine la democracia socialista, el conjunto de los trabajadores determina democráticamente la elección *de* sus prioridades» (Ernest Mandel: *op. cit.*, p. 282).

7. «Desde el punto de vista de la masa salarial, los sacrificios impuestos por la burocracia arbitraria no son ni más ni menos "aceptables" que aquellos que son impuestos por los mecanismos del mercado. Los dos tipos de sacrificios no son más que dos formas diferentes de alienación» (Ernest Mandel: *ibid.*, p. 285).

8. En su notable libro sobre el socialismo, el economista marxista argentino Claudio Katz destaca que la planificación democrática, supervisada desde los niveles locales por la mayoría de la población, «no es sinónimo de centralización absoluta, estatización total, comunismo de guerra o economía de comando. La transición requiere la primacía de la planificación sobre el mercado, pero no la supresión de las variantes mercantiles. La combinación entre ambas instancias debería ser adaptada a cada situación y a cada país». No obstante, «[e]l objetivo del proceso socialista no es mantener un equilibrio inmutable entre la planificación y el mercado, sino inducir la progresiva pérdida de posiciones de la asignación mercantil» (Claudio Katz: *El porvenir del socialismo*. Buenos Aires: Herramienta/Imago Mundi, 2004, pp. 47-48).

9. Friedrich Engels: *Anti-Dühring, op. cit.*, p. 349.

10. Joel Kovel: *The Enemy of Nature, op. cit.*, p. 215.

11. Ernest Mandel: *Power and Money*. Londres: Verso, 1991, p. 209.

12. Ernest Mandel: «In defense of socialist planning», *New Left Review*, n° 1, vol. 159, 1986, p. 31.

13. Algunos ecologistas consideran que la única alternativa al productivismo es detener el crecimiento en su conjunto. Para hacerlo, hay que reducir drásticamente el nivel de consumo de la población y renunciar a las casas individuales, a la calefacción central y a las lavadoras, entre otros, para bajar el consumo de energía en gran medida. Para imponer medidas de

austeridad draconianas necesariamente impopulares, algunos abogados del decrecimiento juegan con la idea de una especie de «dictadura ecológica». Ver la obra sobre el «decrecimiento», Majiel Rahnema (con Victoria Bawtree) (dir.), *The Post-Developement Reader*. Atlantic Highlands: Zed Books, 1997. Y Michel Bernard *et alii* (dir.), *Objectif Décroissance. Vers une société harmonieuse*. Lyon: Parangon, 2004. El principal teórico francés del decrecimiento es Serge Latouche, autor de *La Planète des naufragés. Essai sur l'après-développement*. París: La Découverte, 1991; *Le Pari de la décroissance*, Fayard, 2006 y del *Petit Traité de la décroissance sereine*, Mille et une nuits, 2007.

14. Ernest Mandel: *Power and Money, op. cit.*, p. 204.

15. Michel Albert: *Après le capitalisme. Éléments d'économie participaliste*. Marsella: Agone, colección «Contre-feux», 2003, pp. 121-122.

16. Allí donde se ve que el capitalismo, desde finales de los años sesenta, también situó la «planificación», que es la dilapidación de los recursos, para aumentar constantemente y a un ritmo artificial la producción.

17. Ernest Mandel era consciente de esta resistencia y se mostraba escéptico acerca de la rapidez de los cambios de consumo, en particular con el automóvil individual, por ejemplo: «Si, a pesar de los argumentos de peso tales como la defensa del medio ambiente, entre tantos otros, [los productores y los consumidores] quisieran perpetuar la dominación del automóvil individual a carburante y seguir contaminando sus ciudades, esto sería su derecho. En cuanto a las orientaciones de consumo arraigadas, los cambios son a menudo bastante lentos. Son pocos los que piensan que los trabajadores norteamericanos renunciarían a sus autos al día siguiente de una revolución socialista» (Ernest Mandel: «In defense of socialist planning», *op. cit.*, p. 30). Sin duda, Mandel tiene razón en insistir con la idea de que el cambio de los modelos de consumo no debe ser impuesto, pero subestima mucho el impacto que tendría un sistema de transporte público generalizado y gratuito (o poco costoso).

18. Ernest Mandel: *Power and Money, op. cit.*, p. 206.

19. Daniel Singer: *À qui appartient l'avenir? Pour une utopie réaliste*. Bruselas: Complexe, 2004, pp. 304-305.

20. Sergio Baierle: *The Porto Alegre Thermidor*, en *Socialist Register 2003: Fighting identities*, vol 39. (http://www.thesocialregister.com).

21. Walter Benjamin, *Gesammelte Schriften*, volumen I/3. Frankfurt a. M.: Suhrkamp, 1980, p. 1232.

II. Marxismo y ecosocialismo

Capítulo 3. Progreso destructivo: Marx, Engels y la ecología

1. Friedrich Engels: *Anti-Dühring*, op. cit., p. 322.

2. Karl Marx: *Manuscrits de 1844. Économie politique et philosophie*. París: Édi-tions sociales, pp. 62, 87, 89 [*Manuscritos económico-filosóficos de 1844*. Trad. de Fernanda Aren, Silvina Rotemberg y Miguel Vedda. Introducción de Miguel Vedda. Buenos Aires: Colihue, colec. «Colihue Clásica», 2004].

3. Friedrich Engels: *La Dialectique de la nature*. París: Éditions sociales, 1968, pp. 180-181.

4. Karl Marx: *Critique des programmes de Gotha et d'Erfurt*. París: Éditiones sociales, 1950, p. 18. Ver también *El capital*. París: Garnier-Flammarion, 1969, libro I, p. 47: «El trabajo no es, entonces, la única fuente de los valo-res de uso que produce, de la riqueza material. Es su padre, y la tierra, su madre, como dice William Petty».

5. Acerca de la oposición entre «tener» y «ser», ver *Manuscrits de 1844, op. cit.*, p. 103: «Menos *eres*, menos manifiestas tu vida; más *posees*, más tu vida alie-nada se agranda, más acumulas de tu ser alienado». Sobre el tiempo libre como la base del socialismo, ver *Das Kapital*, op. cit., libro III, p. 828.

6. Karl Marx: Prefacio a la *Contribution à la critique de l'économie politique*. París: Éditions sociales, 1977, p. 3.

7. Karl Marx: *Fondements de la critique de l'économie politique*. París: Anthropos, 1967, pp. 366-367.

8. Para una discusión detallada de esta cuestión, remito al texto de Ted Ben-ton en ese mismo volumen, pp. 95 y 98.

9. Karl Marx: *L'idéologie allemande*. París: Éditions sociales, 1970, pp. 67-68.

10. Retomo este término, y el análisis que se deriva de él, de la importante obra de John Bellamy Foster, *Marx's Ecology, op. cit.*, pp. 155-167.

11. Karl Marx: *Le Capital*, trad. de Joseph Roy. París: Éditions sociales, 1969, tomo I, p. 660.

12. Karl Marx: *Das Kapital*, libro III, op. cit., ; *Gesammelte Werke*, Band 25, *op. cit.*, p. 821.

13. Karl Marx: *Le Capital*, libro I, *op. cit.*, p. 363; *Das Kapital*, libro I, *op. cit.*, pp. 528-530.

14. Karl Marx: *Le Capital*, libro I, *op. cit.*, pp. 183-200.

15. Karl Marx: *Das Kapital*, libro III, *op. cit.*, pp. 630-631.

16. Ibíd., libro II, *op. cit.*, p. 247.

17. Friedrich Engels: *Dialectics of Nature*. Moscú: Progress Publishers, 1964, p. 185.

18. Friedrich Engels: *The Conditions of the Working-Class in England* (1844), en Karl Marx, Friedrich Engels: *On Britain*. Moscú: Foreign Languages Publishing House, 1953, pp. 129-130.

19. Karl Marx: *Le Capital*, libro I, *op. cit.*, pp. 566-567.

20. Friedrich Engels: *Anti-Dühring*, op. cit., p. 321.

21. Este aspecto del texto se perdió en la traducción de *El capital* de Jean Pierre Lefebvre, que se encuentra en la traducción del artículo de Ted Benton, en la medida en que «*naturwüchsig*», «espontáneo» (idea de un crecimiento natural), se traduce como «origen simplemente natural».

22. Karl Marx: *Das Kapital*, libro III, *op. cit.*, pp. 784, 820. La palabra «socialismo» no aparece en estos pasajes, pero está implícita.

23. Friedrich Engels: *Anti-Dühring, op. cit.*, p. 335. Ver también el siguiente pasaje de *La Question du logement* (París: Éditions sociales, 1957, p. 102), de Engels: «La supresión de la oposición entre la ciudad y el campo no es más una utopía que la supresión del antagonismo entre capitalistas y asalariados. […] Nadie lo reivindicó con más fuerza que Liebig en sus obras sobre la química agrícola, en las que demanda, para comenzar y constantemente, que el hombre devuelva a la tierra lo que recibe de ella y en las que demuestra que solo la existencia de las ciudades, principalmente de las grandes ciudades, presenta un obstáculo para eso». La continuación de la argumentación gira en torno a, una vez más, los «abonos naturales» producidos por las grandes ciudades.

24. Karl Marx: *Das Kapital*, libro III, *op. cit.*, p. 828. Ted Benton, que parece haber leído este texto en traducción para su obra *Marx, Malthus and the Greens*, se pregunta si, al hablar de «controlar juntos», Marx se refiere a la naturaleza o al intercambio con ella. El texto alemán no deja lugar a dudas, pues se trata del masculino (*ihm*) de la palabra «metabolismo» y no del femenino de «naturaleza»…

25. Daniel Bensaïd: *Marx l'intempestif*, op. cit., p. 347.

26. Karl Marx: *La Guerre des classes en France 1871*, en Marx, Engels, Lenin, *Sur la Commune de Paris*. Moscú: Éditions du Progrès, 1971, p. 56.

Capítulo 4. La Revolución es el freno de emergencia. Actualidad político-ecológica de Walter Benjamin

1. Walter Benjamin: *Sens unique*, op. cit., pp. 172-173, 205-206 y 242.

2. Walter Benjamin: «Le surréalisme. Dernier instant de l'inteligence européen», *Gesammelte Schriften*, tomo II, Suhrkamp, 1972-1991, pp. 309-310; *Gennes*, tomo II, Denoël, 1971, p. 312.

3. Walter Benjamin: «Paris, die Haupstadt des XIX. Jahrhunderts», 1935, en *Gesammelte Schriften*, Suhrkamp Verlag, 1977, vol. I, p. 47.

4. Walter Benjamin: «Johan Jacob Bachofen», 1935, en *Gesammelte Schriften*, II, 1, pp. 220-230.

5. Walter Benjamin: *Das Passagenwerk, Gesammelte Schriften*, VI, 1, p. 456.

6. Walter Benjamin: *Paris, capitale du XIXe siècle. Le livre des Passages*. París: Éditions du Cerf, 2000, pp. 376-377.

7. Walter Benjamin: «Sur le concept d'histoire», *Œuvres*, III. París: Gallimard, 2000, p. 436. Como se sabe, Benjamin, interceptado en Port-Bou, en la frontera española, y amenazado con ser librado a la Gestapo por la policía franquista, optó por el suicidio (agosto de 1940).

8. Walter Benjamin: *Gesammelte Schriften*, I, 3, p. 1232. Se trata de una de las notas preparatorias de las *Tesis*, que no aparece en la versión final del documento. El pasaje de Marx al que se refiere Benjamin figura en *La lucha de clases en Francia* (1850): «*Die Revolutionen sind die Lokomotiven der Geschichte*» (la palabra «mundial» no figura en el texto de Marx).

III. Aspectos esenciales de la teoría y de la práctica ecosocialista

Capítulo 5. Para una ética ecosocialista

1. Karl Polonyi: La *Grande Transformation. Aux origines politiques et économiques de notre temps*. París: Gallimard, 1983, p. 70.

2. Max Weber: *Wirtschaft und Gesellschaft*. Tübingen: JCB Mohr, 1923, pp. 305, 708-709.

3. Karl Marx: *Misère de la philosophie*. París: Éditions sociales, 1947, p. 33.

4. Edward P. Thompson: «Moral Economy Reviewed», *Customs in Common*. Londres: Merlin Press, 1991, pp. 267-268.

5. Daniel Bensaïd: *Marx l'intempestif, op. cit.*, pp. 385-386, 396.

6. John Rawls: *Libéralisme politique*. París: PUF, 1995, pp. 29-30.

7. Ernst Bloch: *Das Prinzip Hoffnung*, 3 tomos, 1954-1959; *Le principe espérance*. París: Gallimard, 1976, 1982, 1991.

8. «Ernst Bloch's Prinzip Hoffnung and Hans Jonas' *Prinzip Verantwortung Prinzip Verantwortung*», Hava Tirosh-Samuelson and Christian Wiese (eds.): *The Legacy of Hans Jonas. Judaism and the Phenomenology of Life*. Leiden: Brill, 2008, así como el libro de Arno Münster: *Principe Responsabilité ou Principe Espérance?*, Éditions Le Bord de l'eau, 2010.

Capítulo 6. Ecología y altermundialismo

1. *Le Monde*, 9 de junio de 2007.

Capítulo 7. Ecología y publicidad

1. Los breves textos de esta primera parte retoman varios de los «anuncios» irónicos publicados en la prensa de la asociación Resistencia a la agresión publicitaria (RAP).

2. Robert Redeker: «L'anti-publicité ou la haine de gaieté», *Le Monde*, 11 de abril de 2004.

3. Ver las cifras dadas por Zenith Optimedia, informadas por ZDNet.fr: «Les dépenses publicitaires 1996-2010».

4. De acuerdo con Pricewaterhouse Coopers, sería en 2010 de 500.000 millones de dólares.

5. Paul Soriano: «Médias, hors-médias, hypermédia», sitio del Institut de recherches et de prospectives postales.

6. Desarrollé estas cuestiones en diversas contribuciones al boletín periódico de la asociación Resistance à l'agression publicitaire (RAP).

7. Mi artículo «Écosocialisme et planification démocratique», en *Écologie et politique*, no. 37, 2008.

IV. Estudios de caso: Estados Unidos y Brasil

Capítulo 8. Una ecología de izquierda en los Estados Unidos

1. Ver: http://ecosocialistnetwork.org
2. André Gorz: *Ecológica*. París: Galilée, 2008, p. 29.
3. Ibíd., p. 15.
4. Ibíd., p. 98. Gorz llega incluso a proponer el término «comunismo» antes que el de «socialismo», porque se trata de un estadío social en el que «la satisfacción de todas las necesidades» resulta posible (p. 99).
5. Ibíd., pp. 104-105.
6. Ibíd., pp. 25, 114, 154, 158-159.
7. Ibíd., p. 115.
8. *Monthly Review Press*, Nueva York, 2000.
9. *Monthly Review Press*, Nueva York, 2002.

Capítulo 9. En Brasil, el combate de Chico Mendes

1. *Chico Mendes por éle mesmo*. Río de Janeiro: FASE, 1989, p. 64. Se trata de una entrevista autobiográfica realizada en Xapuri en noviembre-diciembre de 1988 por el profesor Pedro Vicente Sobrinho, de la Universidade Federal do Acre, de acuerdo con un plan establecido por Cândido Grzybowski, profesor de la Fundación Getúlio Vargas de Río de Janeiro.

2. *Empate* tiene, como en español, el sentido de obtener un resultado equivalente (N. de la T.).

3. En su entrevista autobiográfica, Chico Mendes describe este episodio: «Mataron a Wilson, y los trabajadores estaban desesperados. [...] Al darse cuenta de que no habría ninguna respuesta por parte de los tribunales, [...] sometieron a uno de los terratenientes que habían dado la orden de matar a Wilson Pinheiro a un juicio sumario y fue decidido que lo fusilarían. [...] Esta vez, los tribunales funcionaron, de una manera muy rápida y violenta. En veinticuatro horas, centenares de *seringueiros* fueron detenidos, torturados, a algunos les arrancaron las uñas con una pinza» (*Chico Mendes por éle mesmo, op. cit.*, p. 19).

4. «No estaba de acuerdo con algunas posiciones del PC de esta época porque, cuando uno alzaba a la gente contra el latifundio, cuando lo enfrentaba, los "bloqueos" y la represión caían sobre mí; ellos se ocultaban detrás de las cortinas. Yo era el único que aparecía en esta historia. Empecé a estar un poco furioso y desconfiado por este comportamiento. Rompí entonces con el PC y me adherí al Partido de los Trabajadores» (*Chico Mendes por éle mesmo, op. cit.*, p. 69).

5. Discurso de Chico Mendes, citado por Aílton Krenak, coordinador de la Unión de las Naciones Indígenas de Brasil, en *Chico Mendes*, Sindicato dos Trabalhadores de Xapuri, Central unica dos Trabalhadores, San Pablo, Río de Janeiro, 1989, p. 26.

6. *Chico Mendes por éle mesmo, op. cit.*, p. 24. El título del capítulo es «La creación de una reserva de extracción como la alternativa ecológica y económica».

7. *Legado Chico Mendes*. Río de Janeiro: Sesc, 2003, p. 38.

8. *Chico Mendes, op. cit.*, p. 34.

9. Ibíd., p. 21.

10. *Chico Mendes par éle mesmo, op. cit.*, p. 57.

Bibliografía selecta

ALBERT, MICHEL: *Après le capitalisme. Éléments d'économie participaliste*. Marsella: Agone, col. «Contre-feux», 2003.

BENJAMIN, WALTER: *Paris, capitale du XIXe siècle. Le Livre des Passages*. París: Éditiones du Cerf, 2000.

_____: *Sens unique*: Lettres Nouvelles-Maurice Nadeau, París, 1978.

_____: *Gesammelte Schriften*, Volumen I/3. Frankfurt a. M.: Suhrkamp, 1980.

_____: *Œuvres*, III. París: Gallimard, 2000.

BENSAÏD, DANIEL: *Marx l'intempestif*, Fayard, París, 1995.

BERNARD, MICHEL ET ALII (dir.): *Objectif Décroissance. Vers une société harmonieuse*. Lyon: Parangon, 2003.

BLOCH, ERNST: *Le Principe Espérance*, Tres volúmenes, Gallimard, París, 1976-1991.

ENGELS, FRIEDRICH: *Anti-Dühring*, Éditions sociales, París, 1950.

_____: *Dialectics of Nature*: Progress Publishers, Moscú, 1934; *La Dialectique de la nature*, Éditiones sociales, París, 1968.

_____: *The Condition of the Working-Class in England, 1844; La Situation des classes laborieuses en Angleterre*, L'Harmattan, París, 2010.

FOSTER, JOHN BELLAMY; CLARK, BRETT; YORK, RICHARD: *The Ecological Rift: Capitalism's War on the Earth*. Nueva York: Monthly Review Press, 2010.

FOSTER, JOHN BELLAMY: *Marx's Ecology. Materialism and nature*: Monthly Review Press, Nueva York, 2000.

GAY, VINCENT (COORD.): *Prises pour un anticapitalisme vert*, Syllepse, París, 2010.

GORZ, ANDRÉ: *Ecologica*, Galilée, París, 2008.

HANSEN, JAMES: *Storms of my Grandchildren. The truth about the coming climate catastrophe and our last chance to save humanity*, Bloomsbury, Nueva York, 2009.

KATZ, CALUDIO: *El porvenir del socialismo*, Herramienta /Imago Mundi, Buenos Aires, 2004.

KEMPF, HERVÉ: *Pour sauver la planète, sortez du capitalisme*, Le Seuil, París, 2009.

_____: *Comment les riches détruisent la planète*, Le Seuil, París, 2007.

KOVEL, JOEL: *The Enemy of Nature. The end of capitalism or the end of the world?*, Zed Books, Nueva York, 2002.

_____: *La Planète des naufragés. Essai sur l'après-développement*, La Découverte, París, 1991.

_____: *Le Pari de la décroissance*, Fayard, París, 2006.

_____: *Petit Traité de la décroissance*, Mille et une nuits, París, 2007.

LATOUCHE, SERGE: *Vers une société d'abondance frugale. Contresens et controverses sur la décroissance*, Mille et une nuits, París, 2011.

LAVIGNOTTE, STÉPHANE: *La Décroissance est-elle souhaitable?*, Textuel, París, 2010.

MANDEL, ERNEST: *Power and Money*, Verso, Londres, 1991.

MARX, KARL; ENGELS, FRIEDRICH: *L'idéologie allemande*, Éditions sociales, París, 1982.

_____: *Misère de la philosophie*, Éditions sociales, París, 1947.

_____: *Critique des programmes de Gotha et d'Erfurt*, Éditions sociales, París, 1950.

_____: *Manuscrits de 1844. Économie politique et philosophie*, Éditions sociales, París, 1962.

_____: *Fondements de la critique de l'économie politique*, Anthropos, París, 1967.

_____: *Le Capital*, Éditions sociales, París, 1969.

MARX, KARL: *Prefacio a la Contribution à la critique de l'économie politique*, Éditions sociales, París, 1977.

MENDES, CHICO; VICENTE, PEDRO; GRZYBOWSKI, CANDIDO: *Chico Mendes par éle mesmo*, FASE, Río de Janeiro, 1989.

MUNSTER, ARNO: *Principe responsabilité ou principe espérance?*, Éditions Le bord de l'eau, París, 2010.

_____: *André Gorz ou le socialisme difficile*, Lignes, París, 2008.

_____: *Réflexions sur la crise. Écosocialisme ou barbarie*, L'Harmattan, París, 2009.

O'CONNOR, JAMES: *Natural Causes. Essays in ecological marxism*, The Guilfrd Press, Nueva York, 1998.

POLANYI, KARL: *La Grande Transformation. Aux origines politiques et économiques de notre temps*, Gallimard, París, 1983.

RAHNEMA, MAJID; BAWTREE, VICTORIA (dir.): *The Post-Developpement Reader*,

Zed Books, Atlantic Highlands, 1997.

RAWLS, JOHN: *Libéralisme politique*, PUF, París, 1995.

RIECHMAN, JORGE: *¿Problemas con los frenos de emergencia?*, Editorial Revolución, Madrid, 1991.

SINGER, DANIEL: *À qui appartient l'avenir? Pour une utopie réaliste*, Complexe, Bruselas, 2004.

TANURO, DANIEL: *L'Impossible Capitalisme vert*, col. «Les empêcheurs de penser en rond», La Découverte, París, 2010.

WEBER, MAX: *Wirtschaft und Gesellschaft*, JCB Mohr, Tübingen, 1923.

_____: *Économie et société*, Pocket, París, 2003.

MICHÄEL LÖWY (São Paulo, Brasil, 1938). Sociólogo y filósofo marxista franco-brasileño. Actualmente es director de investigación emérito del Centre National pour la Recherche Scientifique (CNRS) y profesor de la École des Hautes Études en Sciences Sociales (EHESS), de París. Forma parte del consejo de redacción de las revistas Actuel Marx, ContreTemps y Écologie et Politique, y es conferencista del Instituto Internacional para la Investigación y la Formación de Ámsterdam (IIRF).

www.ingramcontent.com/pod-product-compliance
Lightning Source LLC
Chambersburg PA
CBHW020542270326
41927CB00006B/691